반지의 문화사

반지의 문화사

발행일 : 초판 2002년 9월 20일 | 지은이 : 다카시 하마모토 | 옮긴이 : 김지은

펴낸이 : 김석성 | 펴낸곳 : 에디터 | 등록번호 : 1991년 6월 18일 등록 제1-1220호

주소 : 서울시 서초구 양재동 371번지(희빌딩 502호)

편집부 : (02)579-3315 | 영업부 : (02)572(3)-9218 | 팩스 : (02)3461-4070

e-mail : editor1@thrunet.com

ⓒ 에디터, 2002 | ISBN 89-85145-67-3 03380

문화 라이브러리

반지의 문화사

다카시 하마모토 지음 | 김지은 옮김

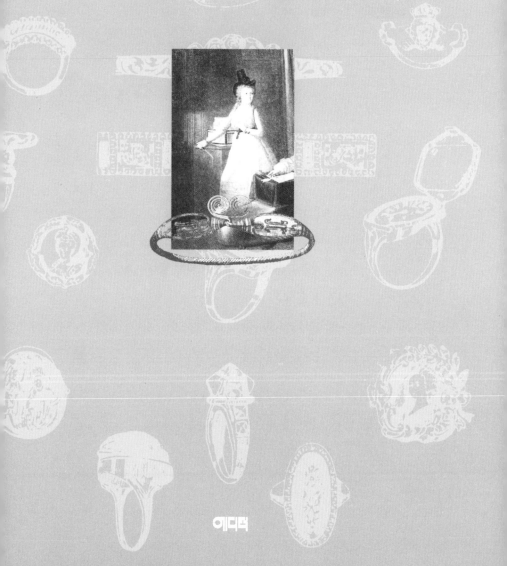

에디터

차 례

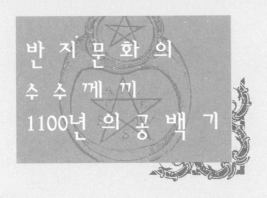

반지문화의
수수께끼
1100년의공백기

   오늘날에는 약혼반지나 결혼반지를 남자가 여자에게 선물하는 관습이 널리 일반화되어 있다. 결혼식에서는 신랑 신부가 서로 반지를 교환한다.

   최근에는 여성은 물론 남성들도 결혼반지를 끼고 다닌다. 미혼자인 사람은 가운뎃손가락에, 기혼자는 약손가락에 끼는 것이 하나의 관습처럼 되어 있었으나, 요즘에는 이같은 관습에 구애되지 않고 집게손가락이나 엄지손가락 또는 새끼손가락에도 반지를 끼는 일이 많다. 이런 반지는 일종의 액세서리로서 패션화하고 있으며, 미혼, 기혼에 관계없이 많은 사람들의 관심을 끌고 있다.

   그렇다면 최근 세계 여러 나라에서 약혼 · 결혼 반지 증정과 교환뿐 아니라 장식반지가 급속히 보급, 정착하게 된 이유는 무엇일까. 또 반지가 패션화하는 등의 풍조는 왜 생겨나게 된 것일까. 이는 사회학이나 문화론의 테마가 되는 것이겠지만, 우리의 생활이 풍요로워진 데다 여유가 생겨서 취미나 장식품에도 돈을 쓰게 되었다는 사회적 상황이 그 바탕에 있다. 특히 젊은이들이 반지를 비롯한 장신구로 자신을 자유로이 표현하는 시대가 된 것이다. 이는 현대 사회의 개인주의 내지는 자기주장을 나타내는 현상으로도 풀이된다.

이를 도운 것은 브라이덜(bridal) 산업, 즉 결혼 관련 산업 및 보석과 반지 회사들이 교묘하게 광고 또는 선전을 했기 때문이다. 즉 '다이아 반지는 사랑의 심벌'이라는 광고에, 유럽 점성술에 의한 탄생석(誕生石)과 반지 신화가 확산되면서 행복을 소망하는 여성들의 마음을 사로잡아 반지에 대한 독자적인 이미지를 정착시키게 되었다. 여성이 반지에 관심을 보이면, 그 영향은 필연적으로 남성에게 미친다. 이같은 기업전략이 시대에 어울리는 현대의 반지문화를 조성한 것으로 생각된다.

그런데 이처럼 반지에 대한 관심이 높고 많은 여성들이 반지를 소유하고 있음에도 불구하고, 반지에 관해 본격적으로 연구하는 사람은 거의 없는 것이 현실이다. 사실 국회도서관의 목록을 뒤져보아도 장신구에 대한 연구는 있지만 반지에 대해 문화론적으로 고찰한 책은 찾아볼 수 없다. 유럽의 문헌을 조사해 보아도 반지에 대한 연구는 역시 찾아보기 어렵다. 고작 보석류의 일부로서 다루어지고 있거나, 고고학 또는 그리스도교의 전례 측면에서 고찰되고 있을 뿐 반지를 학문적으로 연구하는 사람은 거의 없다.

이는 반지 따위는 아무 색다를 것이 없는 장신구에 지나지 않으며, 호사가들이 취미로 갖는 물건일 뿐 학문의 대상이 될 수 없다고 생각하는 사람들이 많기 때문일 것이다.

그러나 필자는 반지와 같은 작은 장신구 속에도 유럽 문화의 일부가 응축되어 있는 것으로 생각하기 때문에 이를 실마리로 유럽의 풍속·습관, 미술, 역사 등을 해명하는 것도 가능하리라 생각한다. 아니, 그보다도 반지를 하나의 단면으로 하여 문화를 보면, 지금까지는 사각(死角)지대였던 역사적인 국면도 명확히 떠오를 수 있을 것이다.

구체적으로 말해서 반지는 유럽에서는 그리스 신화에도 등장하며, 신비한 힘이 내재하는 것으로서 부적이나 왕권의 상징으로 사용되어 왔었다. 고대 이집트와 고대 그리스의 인장(印章) 반지는 출토품이 많으며, 이는 고대사 연구에 크게 기여하고 있다. 또 고대 로마시대에 카르타고(북아프리카 동북쪽의 고대 도시 국가)의 장군인 한니발(전 247~183)이 칸네의 싸움(기원전 216년)에서 로마군에 대승했을 때 카르타고에 보낸 전리품 속에는 많은 금반지가 들어있었다고 기록되어 있다. 그것들은 전사한 병사들의 손가락에서 빼낸 것이며, 이로 미루어 로마시대에도 반지가 널리 보급되어 있었음을 알 수 있다. 특히 전사들은 '무용의 표시'로 반지를 끼고 있었다고 한다.

또한 반지는 그리스도교 문화와 함께 '삼위일체'(성부·성자·성령)를 상징하며 하나님과의 계약을 나타내는 것으로 알려져 있었다. 이같은 그리스도교 문화는 그 뒤 결혼할 때 반지를 선물하는 관습을 만들었다. 반지는 당연히 미술사와 모드(유행의 형식 · 양식)와도 밀접하게 연관되며 문학작품에서도 중요한 모티브가 되고 있다. 그러고보면 유럽의 반지문화는 고대 그리스 · 로마 시대부터 끊이지 않고 이어져 내려왔으며, 역사적으로도 중요한 역할을 수행하면서 오늘에 이른 것임을 알 수 있다.

제 1 장

반지의 이모저모

The real history of ring

인장(印章) 반지

동양에서는 반지라고 하면 다이아몬드나 루비 등 보석이 박힌 것이나, 금·은으로 만든 심플한 원형 결혼반지나 장식반지를 떠올리는 사람이 대부분이다. 그러나 유럽에서는 오랜 전통을 갖는 반지는 이런 장식용 반지 외에도 놀랄 만큼 많은 종류의 반지가 있다. 그 이유는 반지가 왕권이나 종교적 권위를 상징하는 것인 동시에 마귀를 쫓는 물건이거나 실용적 용도로, 또는 기념품, 무기 및 호신용 등으로 사용되었기 때문이다. 이를 볼 때 유럽에서는 반지문화가 매우 뿌리깊게 정착되어 있었음을 알 수 있다. 약혼·결혼반지, 부적·장식반지에 대해서는 나중에 살펴보기로 하고, 이 장에서는 일련의 희귀한 반지를 살펴보기로 한다.

우선 인장(도장)과 반지를 합체시킨 것에 인장 반지가 있는데, 그 시조는 반지보다 역사가 오래 된 인장에서 찾을 수 있다. 인장을 크게 나누면 원통(圓筒)인장과 스탬프식 인장이 있다(스탬프식

〈그림 1〉 이집트의
스카라브형 인장 반지

인장은 설명할 필요도 없을 것이다). 원통인장은 점토판(粘土板) 위쪽으로 원통 표면에 새겨진 인장을 굴리는 방식이다. 인장은 봉인할 때나 계약할 때 사용했으며, 또한 통치자의 권위를 나타내는 심벌로 사용되었다. 귀중품이었던 인장은 철저히 보관되었다. 도난과 분실을 예방하기 위해 끈으로 묶은 다음 그 끈을 목에 매달거나 브레이슬릿(팔찌)에 매달기도 했다. 이 인장은 기원전 4000년 이상 전부터 원래 소 아시아인 수메르(메소포타미아의 남동, 세계에서 가장 오래 전에 도시문명을 가져온 지역)에서 사용되었으며, 이윽고 기원전 3000년경에 이집트에 도입되었다. 그 뒤 스탬프식 인장과 반지를 합체시켜 편리한 인장 반지가 고안되는 역사적 경로를 거치게 되었다.

그런데 인장 반지는 인장과 함께 고대 이집트에서는 파라오(솔로몬 왕조 시대까지의 고대 이집트 왕의 호칭)의 왕위 위양 심벌로 되어 있었는데, 그 중 유명한 것은 기원전 1000년 전부터 인정된 스카라브(황금충)형 인장 반지이다(그림 1). 특히 스카라브는, 동물의 분비물을 둥근 구슬로 만들어서 나르는 모양이 태양신과 비교되어 고대 이집트에서 선호되었으며, 분비물 속에 알을 낳는 곤충의 습성과 어우러져 재생과 생명력을 상징하게 되었다. 그 때문에 시체를 매장할 때 이 스카라브는 미이라의 심장부에 놓여졌는데, 투탕

카멘(고대 이집트의 왕. 재위 BC 1346~36년)의 묘에서도 왕의 심장부에 스카라브가 장식되어 있었다. 또 이 젊은 왕의 약손가락에는 청색 유리로 만든 반지가, 가운뎃손가락에는 금반지가 끼워져 있었다고 한다. 인장 반지는 '수비아의 부왕(副王)'에게서도 부장품으로 출토되었다. 이처럼 스카라브나 반지에는 권력자가 사후 세계에서도 재생하여 권위를 지닌 자로서 군림할 수 있기를 바라는 소망이 담겨 있었던 것으로 생각된다.

〈그림 2〉 뮈케나이의 금 인장 반지

이집트에서의 인장 반지 전통은 고대 그리스에 계승되었으며, 특히 크레타 섬(지중해 동부, 에게해 남단의 섬)에서 번영한 미노스 문명을 계승한 뮈케나이 문명시대에 인장 반지가 널리 사용되었다(그림 2). 이 시대의 유명한 반지로는 독일의 고고학자 슐리만(1822~90년)이 아크로폴리스(고대 그리스에서 도시 국가의 중심이 되었던 구릉)에서 발굴했다는, 여신을 조각한 인장 반지가 있다. 그러나 뮈케나이 문명의 쇠퇴와 함께 기원전 1000~700년경에는 인장 반지가 한때 모습을 감추고 있다. 그것은 이집트와의 교역이 자주 끊어지게 됨으로써 인장석(印章石)을 구하는 일이 어려워진 때문인 것으로 추측된다.

그러나 기원전 700~500년경이 되자 인장 반지는 다시금 융성해진다. 이를테면 그리스의 일곱 현인 중 한 사람인 솔론(전 640경 ~560경)은 기원전 594년에 조각사가 팔아버린 인장의 본을 갖고 있지 못하게 하는 한편, 인장 반지를 부정하게 복제하지 못하도록 법으로 정했다. 이것으로 미루어보아 당시 인장 반지를 사용하는 관습이 널리 확산되고 있는 데다 부정한 행위도 자행되고 있었음을 알 수 있다. 인장 반지는 왕과 제후뿐 아니라 당시 무역의 주도권을 쥐고 있었던 사람들도 상거래 계약 때 사용하고 있었다.

그리스에서 인장을 사용하게 된 동기는 역시 이집트의 영향을 받았기 때문이다. 따라서 스카라브, 스핑크스, 그리폰, 날개가 있는 말, 사자 등을 조각한 인장이 주류를 이루었다. 그러나 이집트와는 달리 배후에 종교적 의미는 거의 없었다. 그 뒤 그리스의 고전기에서 후기에 이르게 되면 말을 탄 용감한 전사와 그리스의 신들, 아프로디테(그리스 신화의 미와 사랑의 여신), 에로스 상(像) 등도 볼 수 있게 된다. 또 비교적 가공하기 쉬운 인장석을 끼워 넣은 반지뿐 아니라, 직접 금이나 그밖의 금속에 도상(圖像)을 조각한 고도의 기술을 요하는 인장 반지도 점차 많이 만들어지게 되었다.

또 고대 로마 시대인 기원전 4세기에는 원로원이나 기사가 황금의 인장 반지를 끼고 있었고, 이 공화제 시대에는 외국에 파견되는 사자들도 국가에서 반지나 인장 반지를 받았다. 그들은 직무를 보고 있을 때는 금반지나 인장 반지를 끼고 있었고, 집에서는 쇠로 만든 반지를 끼고 있었다고 한다. 이처럼 목적에 따라 반지를 구별해서 끼었다. 기원전 2~3세기경에 권력자로부터 반지가 수여되는 등 인장 반지의 관습은 더욱 확산되었다. 고대 로마 시대의 에피소드 중에는 기원전 217년에 벌어졌던 한니발(카르타고의 용장)과의 싸움에서 로마의 집정관 마르케르스(?~전 208년)가 전사, 그의 인장 반지를 한니발이 탈취했다는 얘기가 있다. 그는 마르케르스의 인장을 편지에 찍어 이웃 나라를 교란하려는 전법을 구사했지만 마르케르스의 친구인 크리스피누스가 한니발의 흉계를 간파하여 막았다고 한다.

제정시대에도 반지는 권위의 상징(그림 3)이었는데, 그 시대에 서명 대신 사용된 인장 반지와 인장은 오늘날까지도 많이 남겨져 있다. 시저(전 100~44년, 로마의 정치가 · 군인)는 '무장한 비너스'를, 로마의 초대 황제 아우구스투스(전 63~후 14년)는 '알렉산더 대왕과 스핑크스를 나란히 놓은 것'(훗날 자기 초상)을 인장으로 사용했다. 인장 반지는 본디 남성의 소지품으로 알려져 있었고, 로마의 제정시대에는 왼손 약손가락에 끼는 것이 풍습으로 되어 있었다(당시 여성은 여러 손가락에 여러 개의 반지를 끼고 있었다). 그러나 열쇠 달린 반지와 마찬가지로 인장 반지를 약혼반지로서 여성에게 선물하는 일도 로마 시대에는 실제로 있었다.

〈그림 3〉 고대 로마의 초상화 달린 인장 반지

그런데 중세 유럽에는 인장 반지에 문장(紋章)을 그려 넣는 관습이 생겨났다. 유럽의 문장은 11~12세기경에 출현했는데, 그 기원은 기사가 머리부터 투구를 푹 뒤집어썼기 때문에 시야가 좁아진 데다 적과 아군을 확인하기 위해 방패에 문장 모양을 그린 데서 시

〈그림 4〉 문장 달린 인장 반지

작되었다. 그 뒤 문장은 대대로 계승되어 왕이나 제후, 개인 가계
(家系) 및 공동체의 심벌이 되었다. 그러므로 문장이 달려 있는 인
장 반지(그림 4)는 문장 문화의 발전과 궤를 같이 하고 있으며, 이는
심벌로서의 문장, 날인, 반지와 같은 세 가지 역할을 했다. 이 문장
달린 인장 반지는 왕이나 제후의 권위를 나타내는 심벌로서, 그리
고 국가간에 조약을 체결할 때 또는 귀족계급뿐 아니라 길드(중세
유럽에서 기술의 독점을 위해 조직된 동업자의 자치단체)의 우두머리라
든가 세력을 가진 상인들이 매매계약시 상표로서도 사용했다.

　동양은 도장을 주로 사용하는 이른바 '도장 사회'로서 반지 문
화가 발달하지 않았기 때문에 도장과 반지를 결부시키는 것 같은
발상은 생겨나지 않았다. 유럽은 오늘날에는 사인을 하는 사인 문
화권에 들어가 있지만 예전에는 계약사회였으며 인장 만능 사회이
기도 했다. 따라서 인장 반지가 광범위하게 사용되었는데 그 까닭
은 글을 모르는 사람이라도 쉽게 날인할 수 있었기 때문이다. 그리
하여 특히 14세기 이래 이니셜을 새긴 인장 반지가 서민들에게도
보급되었고, 15~16세기에는 이름을 새긴 것으로 바뀌면서 인장
반지의 전성기를 맞게 된다.

열쇠 달린 반지

일단 유럽에 발을 들여넣고 보면 열쇠가 일상생활에 불가결한 것임을 알게 된다. 사람들은 누구나 여러 종류의 열쇠를 한데 묶어서 갖고 다니며, 개인용 방이나 찬장 또는 서랍 등 문을 여닫을 수 있는 곳은 모두 자물쇠로 잠그게 되어 있다. 육지가 이어져 있는 유럽에서는 이민족의 침입에 의한 전쟁, 약탈, 분쟁을 장기간에 걸쳐 경험해 왔기 때문에 방위 의식이 발달, 독특한 열쇠문화 사회가 형성된 것이라고 할 수 있다. 열쇠는 이미 기원전부터 고대 그리스나 로마시대에 외적으로부터 자신의 몸을 지키고 또한 재산을 보호하기 위해 사용되어 왔었다. 그러나 열쇠는 본래의 용도에만 사용된 것이 아니라 원래는 무녀와 여신 등 여성의 소지품이기도 했다. 그 때문에 열쇠는 예부터 주부권(主婦權)의 심벌로 되어 있었다. 열쇠는 또 '성서'에도 있듯이 그리스도교의 권위를 나타내는 심벌로서 그리스도는 이를 손수 베드로에게 위양했다고 하

〈그림 5〉 열쇠 달린 반지

며, 로마 교황은 열쇠를 대대로 계승해 왔다.

열쇠는 그리스도교 이전부터 중요시되어 왔으며 앞서 설명했듯이 반지도 권위의 심벌이었기 때문에 열쇠와 반지를 합체시킨 것은 인장 반지의 경우와 마찬가지로 실용적인 의미만이 아니라 더욱 깊고도 상징적인 의미가 있었던 것으로 생각된다. 왜냐하면 고대 로마 시대에는 약혼이 성립되면 남성은 열쇠가 달린 반지를 여성에게 선물하는 풍습이 있었기 때문이다. 열쇠 달린 반지(그림 5)는 기원전 2세기경에 출현했으며 특히 기원 1세기부터 3세기에 걸쳐 유행했는데, 이미 이 시대에 열쇠가 주부권의 심벌로 간주되었음은 틀림없는 사실이다. 그러므로 로마인은 열쇠와 끊어진 자국이 없는 둥근 반지의 심벌을 합체시켜 남녀를 잇는 열쇠 달린 반지를 만들어내어 이를 장차 아내가 될 여성과 계약이 성립되었음을 보증하는 증거로 삼았던 것같다.

또한 열쇠와 반지의 합체는 고대 로마인의 생활습관과도 관계가 있었던 것으로 생각된다. 즉 그들은 토가라는 이름의 장방형 옷감을 몸에 걸치고 있었는데, 거기에는 호주머니가 붙어있지 않았다. 그래서 열쇠 달린 반지가 생기게 된 것이라고 한다. 또 로마인들은 목욕을 아주 좋아했으며, 목욕 중에도 귀중품을 몸에 지니고 있기 위해 열쇠 달린 반지가 필요했던 것이라는 설도 있다. 어쨌든 고대 로마에서 열쇠 달린 반지가 보급된 배경으로는 로마가 카르타고(북아프리카 동북부쪽의 고대 도시 국가)와 3차에 걸친 전쟁에서 승리함으로써 지중해 전역의 야금(冶金), 가공기술을 수중에 넣는 등 고도의 금속 가공기술을 축적하게 된 데 따른 것임을 알 수 있다.

열쇠 달린 반지를 크게 나누면, 누름 열쇠라고 해서 열쇠 날개부분을 자물쇠에 찔러넣어 개폐하는 형식(그림 6 오른쪽)과, 회전식 등 두 종류가 있다(그림 6 왼쪽). 누름 열쇠식은 반지를 낀 채로 조작할 수 있었던 것으로 보이며, 반지는 원형으로서 열쇠 부분도 섬세하게 만들어져 있다. 회전식은 당시 이미 맹꽁이 자물쇠(실린더

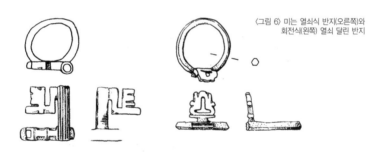

<그림 6> 미는 열쇠식 반지(오른쪽)와 회전식(왼쪽) 열쇠 달린 반지

자물쇠의 원형 : 열쇠를 꽂는 곳이 원통형인 자물쇠)도 제작되고 있었기 때문에 일부는 이런 자물쇠용이었다. 반지의 단면은 D형이며 짧은 열쇠의 샤프트(회전축)는 허공에 떠있으면서 두서너 개의 날개가 달려 있다. 열쇠 달린 반지는 무수히 출토되고 있는데 폼페이

의 유적에서도 기원 1세기경의 반지로 보이는 것이 몇 가지 발견 되었다.

결혼한 상류계급 여성은 열쇠 달린 반지를 주부권의 심벌로 삼 으면서 보통 왼손 가운뎃손가락에 끼고 귀중품을 넣은 작은 상자 또는 함 따위를 여닫는 데 사용했던 것으로 알려지고 있다. 실용적 인 이 반지의 재질은 청동제가 주류였으며, 숫자는 적지만 금 · 은 으로 만든 제품도 있는데(대영박물관에 금제 2개, 은제 1개 소장) 일부 에서는 장식용이나 부적으로 사용되었다. 특히 누름 열쇠식 반지 는 여성용인 것으로 알려져 있으나 그중에는 반지의 지름으로 추 정할 때 여성용으로는 아무래도 큰 것 같아 남성용인 것도 있었던 것으로 보인다. 이는 하인이 주인집 열쇠를 관리하고 있었기 때문 인 것으로 추측된다.

그런데 열쇠 달린 실용적인 반지는 로마 시대 이래 모습을 감추 어버린다. 그 까닭은 분명치 않으나 추측컨대 이는 그림을 보면 알 수 있듯이 열쇠의 돌기가 일상생활에서 약간 거추장스러운 데다 또한 아름답지 않아서 결국은 사람들이 좋아하지 않게 된 때문인 것같다.

이와는 달리 인장 반지는 오늘에 이르기까지 그 모습을 보이고 있는데, 이는 실용성이 있는 데다 편리하고 또한 원형이나 타원형 의 모양을 하고 있어 미적으로도 뛰어나 사람들이 애호했기 때문 일 것이다. 또 열쇠가 초기 기독교에서 베드로의 심벌이 된 시기와 열쇠 달린 반지가 소멸된 시기가 거의 겹치고 있는데, 그 배경에 어떤 종교적인 이유도 있었던 것이 아닌가 생각된다.

확실히 열쇠 달린 반지는 고대 로마가 쇠퇴함에 따라 소멸되었으나, 이는 반지와 열쇠로

〈그림 7〉 주부의 심벌인 열쇠 ('라이네케의 여우'의 풍자화)

분화되어 반지는 현재 전세계적으로 일반화되어 있는 약혼 및 결혼반지로 이어졌다. 한편, 열쇠는 주부권의 심벌로서 중세 이후 유럽에서 널리 전해져 결혼할 때 열쇠를 신부에게 맡기는 관례를 만들게 되었고, 그 뒤 이같은 관례가 오랫동안 계속되어 왔다. 그리하여 주부는 집안 살림을 맡게 되면 열쇠를 벨트에 매달아 갖고 다니게 되었다(그림 7). 또 고대 로마 시대에 하인이 사용했다는 열쇠 달린 반지는 '시종의 열쇠' (유럽의 궁정에서의)가 그 발상이 되는 것이라고 할 수 있다. 이는 왕의 신하가 열쇠 관리와 비서역도 겸하고 있었던 시대에 직무의 심벌로서 허리에 달아맨 것이다. 그런 의미에서도 고대 로마의 열쇠 달린 반지는 유럽의 반지문화뿐 아니라 열쇠문화에도 크게 영향을 미쳤음을 알 수 있다.

해골 기념반지-'죽음을 잊지 말라'

중세의 대학에서는 박사 학위를 취득한 기념으로 반지를 수여했다는 기록이 있다. 또 르네상스 시대에는 황제나 국왕이 시인을 표창할 때 시성관(詩聖冠)과 함께 반지를 선물했다. 이런 기념반지는 대관식, 동맹 성립 기념, 전승기념, 포상할 때, 또는 일반인의 탄생일, 출산, 결혼기념, 사망 등 통과 의례 때도 만들어졌다. 다양한 기념반지 중에서도 특히 죽음과 관계된 특이한 것을 살펴보기로 하겠다.

사자(死者)와 관계된 것으로 주목할 만한 반지는 '메멘토 모리' (죽음을 잊지 말라)라는 장식 반지로서 14세기 이후에 선보여졌다. 이는 해골 등 사체를 모티브로 한 것이며, 장례 후에 죽은 사람을 추억하도록 관계있는 사람들에게 나누어주었다. 동양인의 관점에서는 이런 것을 몸에 지니려 하지 않는 것이 보통이다. 오히려 그런 것을 재수없는 것으로 알고 꺼리는 풍조가 많다. 이런 차이는 도대체 어디서 기인하는 것일까. 그것은 유럽사람들의 죽음에 대한 특별한 관념과 관계가 있다.

14세기 초 유럽은 악천후로 대기근이 일어나서 많은 사람이 죽었다. 게다가 잉글랜드와 프랑스의 백년전쟁과 1348년부터

〈그림 8〉 채찍 고행 행렬

유럽에서 유행한 페스트(흑사병) 등에 의해 죽음은 일상생활 속에

〈그림 9〉 죽음의 무도

파고 들어와 '채찍 고행'(그림 8), '죽음의 무용'(그림 9)과 같은 특
이한 집단행동을 야기시켰다. 그리하여 자기 몸을 채찍질함으로
써 일부러 상처를 입히거나, 사자나 해골을 극명하게 그림으로써
사람들은 죽음을 직시하고, 죽음의 공포로부터 도망치려 했다. 원
래 죽음은 의지할 데 없는 인간에게 피할 수 없는 일이었지만, 기
독교가 유럽사람들의 마음을 사로잡은 이유 중 하나는 이 종교가
설파하는 사후 세계의 평온함을 들 수 있을 것이다.

　기독교는 현세에서의 행동에 따라 사후에 천국 아니면 지옥으
로 가게 되는 것으로 가르쳐 왔다. 그러나 13세기 이후 연옥이라는
영역이 생겨 죄를 지었다 해도 여기서 속죄하면 천국에 가게 되는
것으로 가르쳤다. 그때부터 순례가 활발해지면서 사람들은 하늘
나라의 행복을 누리고 살기를 소망하면서 갖은 고난을 이겨내며
로마, 산티아고 콤포스테라, 그리고 마침내 예루살렘까지 순례하
곤 했다. 이렇게 해서 현세보다도 사후의 일을 더욱 생각하게 되어
죽음을 항상 이웃하게 되고, 죽음에 대한 애착심마저 갖게 되었다.
이는 당시의 회화 등에 명확히 나타나 있으며 특히 이같은 풍조는
중세뿐 아니라 르네상스 시대 미술에 나타난 특징이기도 했다.

　당시의 시대 풍조와 밀접한 관계가 있는 것으로서 해골을 모티
브로 한 반지나 펜던트(목걸이나 귀걸이 등에 다는 보석이나 메달)가
있는데, 15세기에 유행된 것으로 보이며 많은 종류가 있다. 그중에
서도 유명한 것은 영국의 찰스 1세(1600~49년)를 기념한 해골 기
념반지이다. 왕은 퓨리턴(청교도) 혁명에 의해 1649년 2월 9일 처

형되었고, 그 뒤 왕이 국민을 위해 순교했다는 전설이 생겨났다. 그림 10은 그를 애도하여 만들어진 반지인데, 보기에도 끔찍한 느낌을 준다. 1649년부터 1660년까지의 공화제(共和制) 기간 중 왕당파는 이 반지를 은밀하게 감춰 왔다고 한

〈그림 10〉 찰스 1세의 기념반지

다. 만일 발각되면 신변에 위험이 닥치게 되기 때문이었다. 그러나 1660년 이후 왕정이 복고되면서 이 반지는 일반에게 널리 사랑받게 되었다. 그 뒤 죽음을 모티브로 한 이런 반지가 크게 유행되면서 장례뿐 아니라 죽을 때까지 사랑한다는 증표로서의 기념반지로도 사용되었다. 유럽사람들의 인생관과 세계관을 여실히 보여 주는 것이라고 하겠다.

〈그림 11〉 마리 앙뜨와네뜨의 머리카락이 들어간 메달

프랑스 혁명 와중에도 기념반지를 둘러싼 에피소드가 몇 가지 있다. 루이 16세의 왕비 마리 앙뜨와네뜨(1775~93년)가 프랑스를 탈출하려고 계획한 것은 널리 알려진 일이다. 당시의 편지와 신하에게 지시한 문서 외에 영국의 친구에게 보낸 반지가 있다. 그런데 그 반지 속에는 머리카락과 함께 '머리카락이

희어졌습니다' 라는 글이 들어 있었다고 한다. 실제로 백발이 된 그녀의 딱한 처지를 호소한 것으로, 만일의 경우 유품으로 간직하

도록 보낸 것이라고 할 수 있다. 그림 11은 반지는 아니지만 그녀
의 머리카락이 들어 있는 펜던트이다. 이처럼 여성의 머리카락으
로 목걸이나 반지를 만들어 우정이나 기념의 증표로서 서로 교환
하거나 그것을 남기는 것도 유행했다.

　또 프랑스 혁명 당시 자코방파(派)의 말러(1743~93년)가 1793년
7월 13일에 지롱드파(派)인 미모의 젊은 여성 샬로테 콜디
(1768~93년, 그림 12)에게 살해되었는데, 말러의 죽음을 슬퍼하며
성대하게 장례가 치러졌다. 그 뒤 '자유의 희생자' 라는 글자가 새
겨진 초상화를 넣은 철
반지가 만들어졌다. 이
반지는 금이나 은으로
만든 것이 아닌, 흔한 철
로 만든 반지였다는 것
이 민중측에 서서 싸운
그의 입장을 대변해주
고 있다

〈그림 12〉 말러의 살해

독을 넣은 반지

독에 관한 이야기는 어쩐지 음산하지만 동서고금을 막론하고 독은 적대자를 암살하는 수단으로 비밀스럽게 사용되어 왔다. 독살방법은 많지만 그 중에서도 독을 넣은 반지에 관한 에피소드가 많이 전해지고 있다. 이는 만일의 경우를 상정, 스스로 목숨을 끊는 것과 상대를 독살하는 것 등 두 가지로 나뉘어진다. 전자에 관해서는 '프리니우스의 박물지(博物誌)'에 그리스 최대의 영웅 데모스테네스(전 384~322년)를 본따 자신의 목숨을 끊기 위한 수단으로 반지 속에 독을 넣어둔다는 대목이 있다. 또 기원전 52년에 고대 로마의 군인이자 정치가였던 폼페이우스(전 106~48년)가 집정관이었을 때 카피토리수스 언덕에 있는 주피터 신전의 금을 도난당한 사건이 발생했는데, 혐의를 받은 관리가 독이 들어있는 '반지의 돌'을 삼키고 자살한 일이 있었다.

코끼리떼를 이끌고 알프스를 넘은 것으로 유명한 카르타고의

〈그림 13〉 캡슐형 반지

　장군 한니발의 최후에 관해서도 독을 둘러싼 에피소드가 전해진
다. 그는 로마군에 대승했지만 나중에 패배하고 망명지에서 반지
속에 넣어두었던 독을 먹고 자살했다. 또 로마 시대에는 작은 조가
비 속에 독을 넣어두기도 했다. 이렇게 명예를 생명처럼 중히 여기
던 고대의 영웅과 왕들은 싸움에서 패배했을 때 적의 손에 잡히기
보다는 스스로 목숨을 끊는 경우가 많았다. 당시에 이미 왕이나 귀
족은 반지를 끼고 있었고 그런 반지 속에는 독이 숨겨져 있었음을
짐작할 수 있다.

　현재 필자가 갖고 있는 자료에는 고대에 속하는 이런 종류의 반
지가 없기 때문에 이른바 캡슐 반지에서 그 구조를 유추하는 수밖
에 없다. 그림 13에 인용한 반지는 개폐식 캡슐 속에 독을 넣었을
것으로 추측되는 단순한 구조의 반지이다. 캡슐 반지에는 독을 넣
은 것뿐 아니라 향수를 스폰지에 적신 것이라든가, 둥글게 만 머리
카락 등을 넣을 수 있는 것도 있어 새로운 것과 진기한 것을 좋아
하던 르네상스 시대에 이런 종류의 반지가 유행했다. 반지 대신 여
성은 향수를 넣은 캡슐식 펜던트를 즐겨 사용했다.

그런데 단순한 독살용 반지에 대해서는 '독의 역사'(J.D. 마레시)라는 책에 이렇게 기술되어 있다. "폼페이에서 발굴된 반지들은 그 무렵 독이 사용되었음을 전해 주는 증거가 된다. 이들 반지에는 무척 큰 손톱 모양의 돌기가 있고 그 속에는 소 한 마리를 죽일 수 있는 양의 독이 들어 있었다."

또 같은 책에는 이런 내용도 있다.

> 암살자의 손에 끼워진, 독을 칠한 반지에 관해 기록한 사람도 있다. 이는 독을 칠한 반지를 낀 사람이 상대방의 팔이나 손을 꽉 쥐면 독이 신속하고도 확실하게 주입된다는 것이다. 이 경우도 반지를 꽉 쥐는 순간 상대방에게 약간 상처를 주게 되는데, 그 반지에 칠해진 독이 찰과상을 궤양으로 바뀌게 하는 것이다. 그 시대에는 찰과상이 궤양으로 변하게 되면 살아남을 수 없었다.

독살용 반지는 반지 한쪽에 손톱 모양의 돌기를 만든 후 그 속에 독을 넣어두게 만들어졌다. 그러면 상대방과 악수할 때 반지에 장착된 손톱이 상대방에게 작은 상처를 내게 되고, 그 상처로 독이 침입하게 되는 치밀하게 꾸며진 반지였다. 독살용 반지가 실제로 사용되었는지는 알 수 없지만, 그 발상원리는 '독사의 이빨'에서 얻어진 것이라고 한다. 어쨌든 이런 전설이 전해진 것은 고대로부터 독살이 횡행했고, 왕이나 제후, 권력자가 원인 불명으로 죽을 경우 흔히 독살되었다고 생각했기 때문이다.

이런 일은 중세에도 마찬가지로 볼 수 있다. 유럽에서는 독살이나 암살을 피하기 위해 호주머니가 보급되지 않았다는 기록도 있다. 뿐만 아니라 호주머니를 만들지 못하게 하는 금지령까지 내렸

〈그림 14〉 궁정의 연회 풍경

던 것을 보면 왕이나 제후들이 독에 대해 얼마나 과민했었는지 알수 있다. 중세와 근세의 회화에서 흔히 볼 수 있는 장면인데, 일렬로 줄지어 연회나 식사를 하는 구도가 있다(그림 14). 이런 구도를보고 참으로 이상하다고 생각한 적이 있는데, 왕이나 제후의 뒷쪽에서 음식을 나르게 되면 독이 들어있는 음식을 내밀어도 모르기때문에 마주보도록 좌석을 꾸미게 된 것이라는 설명을 듣고는 납

득할 수 있었다. 앞쪽에서 음식을 나르게 되면 그 동작을 충분히 감시할 수 있기 때문이다. 또 독에는 다이아몬드 분말만이 해독 효과가 있는 것으로 믿어지고 있었는데, 당시에는 매우 값이 비싸서 대부분의 사람들은 그것을 입수할 수 없었다.

유럽에 전해지고 있는 독이 들어있는 반지도 역시 그칠 줄 모르는 권력투쟁과 전쟁, 증오, 인간의 욕망 등이 만들어낸 '수꽃'(열매를 맺지 않는 꽃)이다. 화려한 장식 문화사에도 인간의 살의가 다가가 어두운 음영을 던지고 있었음을 알게 된다. 이런 종류의 반지에 관한 자료는 단편적인 것이어서 계통적으로 검토할 수는 없으나, 독을 넣은 반지는 역사의 어둠의 깊이를 보여주고 있는 것이라고 하겠다.

무기로서의 반지

몸 가까이에 두고 있는 일상적인 소지품이 무기가 되거나 호신용이 되는 사례가 있다. 동양에서는 예전에 지팡이라든가 통소 등이 그런 역할을 했는데 특히 육지가 계속 이어지는 유럽에서는 언제나 이민족과의 알력과 전쟁이 있었기 때문에 사람들은 방어에 대한 특별한 의식을 지니고 있었다. 갖가지 중후한 갑주·무기뿐 아니라 성벽을 두른 도시의 구조와 열쇠문화도 이를 반영하는 것이라고 하겠다. 유럽에서는 반지도 호신용 무기로 사용된 적이 있다. 영국 작가 말로리의 '아더 왕의 죽음'(1485년)에는 이 반지가 영웅이 부상당할 뻔한 것을 미연에 방지했다는 얘기가 실려있다. 반지가 무기로 사용된 기원은 현재도 인도나 모로코, 소말리아 등에서 볼 수 있는 방어용 도구로서의 브레이슬릿(팔찌) 등 대형 링에 있다고 생각된다. 이는 언뜻 보기에 장식용으로 보이지만 만약의 경우에는 호신용 무기 역할도 하게 된다.

이들과 비슷한 깔쭉깔쭉한 바퀴 모양의 것이 이탈리아에서 자주 출토되어 '고대 로마 검객의 링'으로 불리고 있다. 그러나 미술사가이며 반지 연구가인 바트케에 의하면, 이는 반지로서는 너무 큰 것이어서 아마도 곤봉과 함께 사용된 무기가 아닌가 추측되고 있다. 또 독일 농민전쟁 당시 실존한 기사였던 '철의 손톱 괴츠'는 괴테(1749~1832년)의 희곡 '괴츠'로 잘 알려져 있다.

그런데 필자가 알고 있는 범위에서 가장 오래된 이런 종류의 반지는 4세기 후기 로마 시대의 것이다. 이는 보석이 들어있는 세 개의 반지가 이어져 있는 진귀한 형상을 하고 있는데, 무덤에서 출토된 것이므로 무기라기보다 부적으로서 죽은 사람과 함께 매장된 것으로 보인다. 또 남부 독일과 티롤지방에 중세 이후 농민이 사용했던 것으로 보이는 많은 방어용 도구(무기)로서의 반지가 남아있다(그림 15). 재료는 철, 납, 동, 놋쇠, 은 등으로 만든 것이 많다. 이는 '베를린 민속박물관'에 소장되어 있는데, 어떻게 해서 그렇게 많은 것들이 남겨져 있는지 이상하게 생각될 정도이다. 아마 평소에는 부적으로 갖고 다닌 것으로 추측되며, 어떤 까닭으로 해서 이것이 농민들 사이에 유행되었던 것 같다. 왜냐하면 방어용 반지의 모티브에는 성 안토니우스의 초상이 흔히 사용되었으며, 이 성인은 '예기치 않은 죽음에 대한 보호자'로서 사람들의 존경을 받아왔기 때문이다.

공격용 무기로서의 반지를 애호한 것은 혈기 왕성한 젊은이들이었다. 그들은 상대로부터 공격받았을 때와 싸움할 때, 또는 학생

〈그림 15〉 무기로서의 반지(부적)

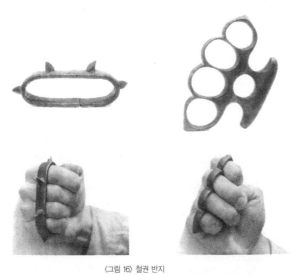

〈그림 16〉 철권 반지

간의 결투, 그리고 브루셴샤프트(19세기 전반의 학생단체)가 봉기할 때 실제로 사용했다고 한다. 어쨌든 이는 남성의 소지품이었다. 특히 중세 이래 학생들의 결투는 일상 다반사였으며, 검 외에 전형적인 무기로서 엄지손가락을 제외한 네개의 손가락에 끼는 철권 링이 어느 정도 알려져 있다(그림 16). 이는 방어용 반지의 변형이지만 그 무기가 실제로 안면에 맞았을 때를 상상하면 등골이 오싹해진다.

이런 종류의 반지는 장신구로 위장할 수 있었고, 일단 유사시에는 무기로 사용되었다. 특히 상대방이 무방비 상태일 때는 맨손보다 단연코 유리했다. 이 점에서도 오랜 반지 문화를 가진 유럽에서는 만일의 경우에 대비해서 자기 방어를 위해 신경썼다는 것을 알 수 있다.

골무

도구로서의 골무는 장식, 부적, 권위 등을 위해 사용된 반지와는 목적을 달리하고 있지만, 넓은 의미에서는 반지의 범주에 포함시킬 수 있다. 왜냐하면 반지의 기원은, 생활에 필요한 도구의 기능을 갖는다는 것이 역사적으로 가장 오래된 것이기 때문이다. 예컨대 화살을 당길 때, 또는 엄지손가락에 붙은 가죽방어용 도구라든가 농업을 비롯하여 각종 손작업을 할 때도 손가락을 보호하는 반지 비슷한 작은 방어용 도구가 사용되었다. 바느질할 때 끼는 골무도 그 중 하나이며 이는 아시아와 유럽에서도 오랜 역사를 갖는다. 여성은 예로부터 재봉이 가장 중요한 일이고 의무였다. 따라서 바느질을 잘하는 여성은 가정을 행복하게 꾸려나갈 수 있는 여성으로 평가받았다.

재봉할 때 여성이 사용한 골무는 바늘을 쓸 때 작업능률을 올리게 하거나 가운뎃손가락을 보호하기 위해 사용되었다. 동양에서는 반지형이, 유럽에서는 캡형이 많았다. 여기서는 독일의 골무에 대해 설명하기로 하겠다. 독일의 골무는 처음에 이탈리아에서 도입되었으며, 오랜 역사를 갖고 있는데 문헌에 나타난 것은 1150년이다. 특히 뉘른베르크가 골무생산 중심지였다. 그 지방 기록에 의하면 1373년에 골무를 제작하는 장인에 관해 기술한 문헌이 있다고 한다. 뉘른베르크는 지리적으로 이탈리아, 프랑스, 북독일, 폴란드와의 무역 교류 중계지로서 중세부터 상공업이 발달하고 있었기 때문에 골무 생산도 이 도시가 중심지가 되었던 것같다. 골무 생산은 길드에 의해 제작되고 있었으나 독일에서는 12세기경부터 길드가 활동하게 되어 라인 중부지방을 중심으로 각지에 확산되었다. 당시 골무 제조업 같은 분야에서도 길드가 조직되어 있었던 것으로 미루어 볼 때 골무 수요가 많았다는 것과, 독일의 길드 업종의 세분화와 직업의 독점화가 추진되고 있었음을 알 수 있다.

뉘른베르크는 16세기에 골무 생산 최전성기를 맞게 되는데 이 세기 중 백 년 동안에 200~300명의 장인, 제자들이 작업에 종사, 1백만 개 이상의 골무를 생산한 것으로 추측된다. 당시의 노동시간은 아침 5시(겨울은 6시)부터 저녁 19시까지로 1일 생산량은 '여성용인 구리와 놋쇠로 만든 골무'의 경우 35~40개, 바느질용은 70~80개 정도였다. 개수에 차이가 있는 것은, 가정재봉용으로 사용하는 것이 캡 모양으로 되어 있어 제작이 어렵고 바느질용은 구조상 제작하기 쉬웠기 때문일 것이다. 이는 H. 그라이프의 '뉘른베르크의 골무'라는 저서에 기술되어 있는 것인데, 이 책에는 골무의 수공업 길드 규정(1537년)이 실려있다. 여기에는 우두머리의 의무, 신에 대한 서약, 제자의 양성, 규정 준수 등 31개조가 정해져 있으며 이는 여타 길드 규정과 유사하다. 그러나 크게 다른 점은 편력에 대해서다. 일반적으로 길드 내의 장인은 일정기간(단기적인 경우에는 1~2년, 장기적인 경우에는 수년 간) 각지를 편력할 의무가 있으며, 그곳에서 기술을 연마하는 등 넓은 세상을 알아야만 했다. 당시의 장인들의 편력은 상상외로 광범위한 것이었으며 그들은 독일 각지뿐 아니라 유럽 전체로 이동하고 있다.

그러나 뉘른베르크의 골무 장인은 타국으로 이동하지 못하고 도회지에 있어야만 했다. 이와는 반대로 타지방 장인이 도회지로 들어오는 것도 금지되어 있었다. 아마도 뉘른베르크는 골무뿐 아니라 타업종에서도 고품질을 자랑하면서 생산을 독점하고 있는 품목이 많았기 때문에 기술이 유출되는 것을 두려워했을 것이다. 그 대신 시 참사회는 길드의 보호와 독점적 생산을 보장했다. 예를 들면 17세기 말에 이젤론의 도시에서 골무가 만들어지게 되자 뉘른베르크의 시 참사회는 골무에 대해서는 가장 오래된, 유일한 제조권이 자기네에게 있다 해서 이젤론의 제조를 금지시키고 있다. 이 골무 길드는 18세기말까지 존속되다가 이윽고 독점은 붕괴되는데, 이는 하나의 추세였다고 할 수 있다.

'멘델의 12형제단'의 그림에는 실제로 골무 제작 광경이 그려져 있다(그림 17). 이 그림에서는 장인이 손으로 돌리는 수동 드릴(천공기)로 골무에 구멍을 뚫고 있는 것으로 보이지만 사실은 구멍이 아

〈그림 17〉 골무의 제작 광경

〈그림 18〉 골무(캡형)

니라 드릴로 골무 표면을 움푹 패이게 만들고 있는 것이다. 움푹 패이게 만드는 이유는 바느질을 하면서 바늘을 누르고 있을 때 바늘이 미끄러져 내리지 않게 하기 위해서였다. 이것이 기술적으로 가장 까다로운 작업이었다고 한다. 물론 그림이기 때문에 골무는 알기 쉽게 확대 과장되어 있다. 재질은 놋쇠로 만든 것이 많지만 금, 은, 철, 가죽 등도 있다. 완성품의 예를 그림으로 보여주는데, 이것으로 알 수 있듯이 표면을 어떻게 움푹 패이게 했는가 하는 것이 골무의 좋고 나쁨을 가름하는 중요한 포인트가 되었다(그림 18).

이상으로 본래의 반지와 다른 다양한 반지의 종류, 용도, 역사, 에피소드를 소개했는데, 다음 장에서는 반지를 둘러싼 풍습을 알아보기로 하겠다.

반
지
의

이
모
저
모

제 2 장

반지의 민속학

베네치아의 '바다와의 결혼' 의례

약혼 · 결혼반지의 역사

약혼 · 결혼반지의 민속학

마귀를 쫓는 반지

베네치아의 '바다와의 결혼' 의례

반지를 중심으로 한 민속학의 한 가지 예로서 먼저 베네치아의 '바다와의 결혼' 의례에 관해 언급하기로 한다. 베네치아는 아드리아해(海)에 떠있는 매혹적인 수상도시이다. 시내를 둘러싸고 있는 운하와 미로 같은 골목 길, 이탈리아의 베네치아 명물인 곤돌라(작은 배), 쾌활한 이탈리아인 기질, 산 마르코 광장, 투옥된 죄수들이 지나간 '한숨의 다리' 등에 얽힌 에피소드는 여행자의 마음을 사로잡는다. 이 관광지에는 과거에 이곳이 무역 거점이었음을 알려주는 귀금속, 유리, 장신구 등을 파는 점포들이 줄지어 늘어서 있다. 셰익스피어(1564~1616년)의 '베니스의 상인', 토마스 만(1875~1955년)의 '베니스에서 죽다' 등 이 도시를 무대로 한 문학작품과 음악이 많은데, 예수 그리스도의 승천제가 이곳에서 열렸을 때 값비싼 금반지를 바다속에 던지는 엄숙한 의식이 베풀어지기도 했다.

이런 풍속과 비슷한 것은 그 전에도 있었다. 예를 들면 고대인이 불타는 철을 바다에 던지면서 맹세했다든가, 사모스의 왕 포리큐라테스(기원전 6세기경)가 운명의 여신을 위해 반지를 바다에 던진 이야기가 전해지고 있다. 특히 바다와 여성의 관계는 그리스 신화 속에 등장하는 아프로디테에서 유래한다. 이 여신은 바다의 거품으로부터 탄생했다고 하며 사랑과 미의 심벌로 알려져 있다. 그녀는 황금으로 화려하게 꾸며졌으며 항해의 여신으로도 불리었는데 로마에서는 비너스라는 이름으로 불리었다. 그리고 이 여신 비너스가 바다와 관계가 있다는 데서 베네치아의 어원이 되었다. 즉 비너스와 관계되는 사람들이 사는 도시라는 뜻이었다. 비너스는 천문학적으로 말하면 금성이라는 의미로서, 금반지와 관련되어 있다. 그러나 아드리아해 여신과의 결혼 풍속이 신화와 어디까지 연관되어 있는지는 분명치 않다.

그런데 '바다와의 결혼'은 그렇게까지 오래된 얘기가 아니다. 1177년부터 1797년까지 620년 동안 이어져 내려왔다. 이 결혼에서는 베네치아와 아드리아해를 각각 남성과 여성으로 보고 있으며, 그렇게 보게 된 12세기는 유럽에서 교회에 의한 결혼풍속이 거의 정착하게 된 시기와 일치한다.

'바다와의 결혼'이라는 풍습이 생기게 된 데는, 즉 그 기원이 되는 것에는 여러 설이 있다. 그중에서도 가장 유력한 설은 베네치아가 수상도시였기 때문에 바다가 항상 거친 파도 없이 평온하기를 바라는 마음에서 제사를 지내게 된 데서 그런 의례를 갖게 되었

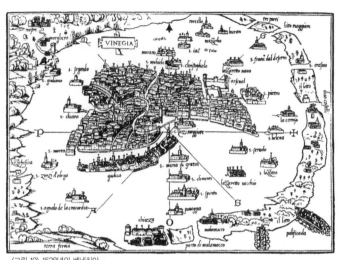

〈그림 19〉 1528년의 베네치아

다는 설이다. 평소에 잔잔하기만 한 바다가 한번 거칠어지면 크나
큰 재해를 안겨 주게 되므로 베네치아 상인들에게는 해상안전이
가장 절실한 소원이었다. 뿐만 아니라 아드리아해에는 해적도 출
몰했는데, 예컨대 '바다와의 결혼' 풍속이 시작되기 전인 945년 1
월 31일에 베네치아인들은 다르마티아의 해적에게 습격당했다.
이 때는 젊은 처녀들이 해적선에 끌려가 능욕당하는 비참한 일도
일어났다. 때문에 베네치아인들에게는 바다와 도시국가의 평안이
야말로 생사가 달린 문제였을 것이다.

그런데 '바다와의 결혼' 풍속이 생기게 된 직접적인 계기는 프
리드리히 1세(1125경~90년)가 북이탈리아 진출을 획책한 음모를
롬바르디아 도시동맹이 1176년에 쳐부순 사건이었다. 이 승리를
기념해서 이듬해인 1177년에 '바다와의 결혼' 이라는 의식이 베풀

어진 것이라고 한다. 당시 베네치아는 아드리아해를 제패, 번영의 길을 걷기 시작한 때였다. 도시국가가 상승하게 되면서 그에 따른 에너지가 축제 풍습을 가져 오게 된 것이라고 할 수 있는데, 그 뒤 베네치아는 무역으로 부를 축적, 지중해 교역의 주도권을 장악하게 되었다(그림 19).

초기의 '바다와의 결혼' 의식은 자료가 없어 분명치 않으나 베네치아 공화국의 '황금의 서'에 19세기 초기의 모습이 대략 다음과 같이 기록되어 있다.

금으로 장식된 '브친트로'라는 호화선을 만들어 사람들은 아드리아해로 저어갔다. 1729년에 제작된 이 '브친트로'는 길이 30미터로 42개의 노를 4명이 한 조가 되어 (모두 168명) 저어나가게 되어 있다(그림 20). 축제의 주역은 드제라는 공화국 총독이었다. 그는 세습제가 아닌, 선거규정에 의해 도시의 유력자 중에서 선출되었다.

〈그림 20〉 '바다와의 결혼' (아래쪽이 브친트로)

드제는 측근들과 함께 옛 섬의 도시 마라모코, 무라노, 토르체로의 시장에게서도 시중을 받았다. 물론 작은 배와 곤돌라 선단(船團)도 동행했다. 동쪽에서 베네치아의 총 대주교 선단도 찾아왔다. 사람들은 리드 섬 곁에서 합류하는데, 총 대주교는 드제에게 은접시에 담은 장미를 바친다. 교회합창단이 '어떤 파도에도 마음 흔들리지 말자'를 합창하면 드제의 측근들은 엄숙한 마드리갈(이탈리아 가곡)로 응답한다. 세속과 교회의 두 선단이 일체가 되어 아드리아해의 정해진 코스를 항해한다. 드제는 뱃머리에서 모두가 볼 수 있도록 얇은 금으로 된 둥근 고리를 파도 사이로 던지며 라틴어로 이렇게 말한다. "오오 바다여, 진실로 오래도록 거느리려는 뜻에서 나는 그대와 결혼하리라."

드제는 이처럼 해마다 호화선을 타고 값진 금반지를 아드리아해의 리드 앞바다에 던졌는데, 이는 앞서 말했듯이 바다를 진정시켜 항해의 안전을 기원하는 의미를 지닌 것이었다. 다만 반지는 의식 때 구경꾼들이 잘 볼 수 있게 하기 위해 크게 상징화되어 있었다. 의식이 끝난 후 수백 명의 어부들이 그 값진 반지를 차지하려고 경쟁을 벌였다. 발견한 사람이 그 반지를 가져도 되었기 때문이다. 그 뒤 15세기 들어 반지를 발견한 사람에게는 일년간의 세금이 면제되었는데 어느 문헌에도 반지를 발견한 사람이 있었다는 기록은 없다.

이처럼 '바다와의 결혼'은 베네치아가 바다를 제패, 세계를 주름잡고 있던 시대의 성대한 이벤트였다. 18세기말까지 '바다와의 결혼' 축제는 예수 그리스도 승천제와 겹치게 되어 축제일을 전후해서 15일간 성대하게 거행되었다. 장이 서고, 이동식 가게들이 줄지어 늘어선다. 그 하이라이트는 사육제 때와 마찬가지로 가면에 의한 변장이었다. 가면을 쓴 사람들은 골목길로 뛰어나간다. 남녀 모두 가면과 가발을 쓰고 신분을 숨기고는 관능에 몸을 맡긴 채 하룻밤을 향락으로 지샜다. 이 축제에서 신분 따위는 아무런 문제가 되지 않았고, 사랑을 즐기는 현란한 세계가 펼쳐졌다고 한다.

그런데 사육제에서의 소란스러움과 항구 도시 특유의 창녀에 관한 소문은 베네치아의 이미지를 퇴폐적인 것으로 만들어버렸다. 그 때문에 이 신성한 축제는 1765년에 저널리스트인 안쥬 그다르에 의해 다음과 같이 희화화되고 있다.

기독교 제후(諸侯) 사이에서는 일부다처가 금지되어 있음에도 베네치아공(公)은 매년 새로 결혼하는 것이 허용되고 있다. 즉 드제는 되풀이 결혼하는 것이지만 결코 결혼생활을 영위하는 것은 아니다. 드제만이 벌을 받지도 않은 채 본능을 즐길 수 있도록 허락받고 있는 것이다. 본능을 즐길 수 있다는 것은 그에게 다행스런 일이다. 왜냐하면 만일 그가 진실로 아내의 팔안에 파묻히게 되면 그것은 그의 죽음을 의미하는 것이 되며 신혼의 침대는 차가운

무덤이 될 것임에 틀림없기 때문이다. 다시 말해 이 결혼식이 거행되려면 드제 바로 그 사람을 바다 속에 빠뜨려야 한다. 그러나 사람들은 반지를 물 속에 넣는 것으로 만족한다……. 이 의식은 베네치아가 일찍이 아드리아해에서 떨치던 지배권을 상기시킨다고 한다. 그러나 그 지배권은 이젠 흔적도 없어졌다. 그러므로 무의미해진 의식은 적당히 바꿔야 되지 않겠는가…….

이는 해양국가 베네치아의 황혼을 정확히 시사한 것이다. 실제로 그 뒤 30년 후인 1797년 나폴레옹(1769~1821년) 군대에 의해 베네치아 공화국은 붕괴되었고, 의식에 사용되었던 호화선 '브친트로'는 파괴되어 버린다. 기묘하게도 베네치아 공화국의 멸망과 함께 '바다와의 결혼' 풍속도 종언을 고하게 되었다.

이미 바다의 패권은 네덜란드, 영국으로 옮겨져 베네치아의 황혼은 결정적인 것이었다. 그러나 근년에 와서 지난날의 '바다와의 결혼' 행사가 부활하면서 드제 대신 시장이 반지를 바다에 던지고 있다.

필자도 지난 1990년 여름에 이 '바다와의 결혼' 이야기에 이끌려 오랜만에 베네치아를 찾았다. 중세 귀족의 저택을 개조한 호텔에 투숙해서 창밖으로 중세풍 안뜰과 교회, 운하, 그리고 오가는 작은 배와 곤돌라 등을 바라보면서 옛날의 '바다와의 결혼' 축제를 떠올리며 이 도시의 분위기를 만끽했다. 확실히 낮의 수상도시는 활기에 넘쳐 있었다. 그러나 이 거리의 매력은 저물녘이다. 늦여름 황혼 무렵 수면에 뜬 곤돌라의 실루엣이 화려한 관광지의 이면에 있는 영상의 세계와 겹친다. 토산품점에 매달려 있는 카니발용 가면이 사육제의 화려한 향연과 공허함, 그리고 세계를 주름잡던 지난날 공화국의 영광과 몰락, 창녀들이 떼지어 지나던 소란스런 환락가와 페스트로 죽음의 도시가 되었던 파괴적인 모습과 같은 이중의 세계를 말해주고 있는 것 같았다. 이처럼 햇빛으로 빛나는 밝은 베네치아와 가라앉아가는 '물의 도시'의 우수가 대비되는 도시의 매력이 여행자의 마음을 사로잡았다.

약혼 · 결혼반지의 역사

반지 하면 많은 사람들은 약혼반지나 결혼반지를 연상한다. 실제로 유럽의 박물관이 소장하고 있는 반지 수집품 중에서 인장 반지와 함께 눈에 띄는 것은 약혼·결혼반지이다. 이는 약혼이나 결혼과 같은 인생의 새 출발을 기념해서 반지를 선물하거나 교환하는 관습이 중세로부터 장기간에 걸쳐 계속 이어져 내려왔음을 말해주고 있다. 이들 반지 가운데 특징적인 것을 몇 가지 인용하기로 한다(그림 21). 특히 결혼반지 중에는 하트(마음), 손과 손을 마주

〈그림 21〉 약혼 · 결혼반지

잡은 것, 십자, 세 개의 장미, 서로의 이니셜이나 '내 마음은 당신의 것', '영원히 이별은 없다' 등의 모토를 새겨넣은 것과 두겹, 세겹 반지 등을 볼 수 있다. 이들 대부분은 두 사람을 한데 결합시키고 있다는 것을 상징하고 있다.

결혼반지의 구체적인 예로서 종교개혁자 루터(1483~1546년)와 그의 아내 카타리나 볼러가 서로 교환한 반지를 들 수 있다(그림 22). 이 결혼반지

<그림 22> 루터와 볼러의 결혼반지

는 루터와 친교가 있었던 화가 크라나하(1472~1553년)가 디자인한 것으로 알려져 있다. 특히 오른쪽에 있는 볼러의 결혼반지가 유명한데, 이 반지에는 십자가에 못박힌 예수 그리스도와 고문용 도구로 사용되었던 긴 창, 사다리, 포승과 함께 세 개의 잎 등이 새겨져 있다. 필자는 우연히 빈의 민속박물관에서 이 반지의 레플리카(복제품)를 보았는데 비교적 많이 나돌고 있는 반지라고 한다. 조사해 보니 레플리카는 루터의 결혼생활에서 유래한 것임을 알 수 있었다.

　독신생활이 길었던 루터가 발트부르크 성(城)에 틀어박혀 라틴어 성서를 독일어로 번역하고 있을 때 성적 욕구에 시달렸는데,

이는 악마의 소행이라고 생각하고 망상 속의 악마를 향해 잉크병을 던졌다는 에피소드가 있다. 하지만 그리스도교 신자라도 결혼할 수 있다는 생각에서 루터는 42세 때 독신생활에 종지부를 찍고 귀족의 딸이며 수녀이기도 한 볼러와 결혼했다. 1525년 6월 13일의 일인데 그녀는 당시 루터보다 18세 연하인 24세였다. 이들의 결혼을 마인츠의 알프레히트 추기경도 축복하면서 축의금을 보내왔다.

신부는 이미 이름을 떨치고 있던 남편을 뒷바라지하며 가정을 지킬 뿐 아니라 루터에게 새로운 종교적 활력을 불어넣어주었으니 아내로서는 이상적인 여성이었다. 성직자이면서도 성적인 문제들을 거리낌없이 쓴 루터였지만 이들의 결혼은 프로테스탄트 신자들에게도 큰 영향을 끼치게 되었다. 그래서 신자들은 루터의 결혼반지를 동경하게 되었고, 이 반지의 복제품이 비텐베르크의 금은세공사에 의해 대량으로 만들어졌다. 오늘날에도 루터의 결혼반지를 교환하는 신자가 있는 것도 사실이다.

그렇다면 어느 시대부터 약혼 · 결혼반지의 관습이 생겨난 것일까. 이를 확인하기 위해 유럽의 약혼 · 결혼반지에 관한 간략한 역사를 살펴보기로 한다. 이미 설명했듯이 장식 반지와 인장 반지 등의 기원은 몇 천 년 전으로 거슬러 올라간다. 그러나 약혼 · 결혼반지의 관습은 필자가 조사한 범위 내에서는 고대 로마 시대에 겨우 발견하게 되는데, 그런 의미에서는 오랜 반지 역사에 비하면 비교적 새로운 관습이라고 할 수 있다.

약혼 때 반지를 건네는 풍습은 고대 로마 시대의 기록에 있으며 M-L·폰 프레센의 '결혼과 첫 동침'에 의하면 반지를 건네는 직접적인 기원은 아내를 돈으로 사는 '매매혼'의 습관에 따른 것이라고 한다. 즉 약혼이 성립되었을 때 그 대금을 지불했다는 증거로서 반지가 미래의 신부 부친에게 전달되었다고 한다. 실제로 '반지 비용'이라는 말이 남아있으며 그것은 로마법에도 존재하고 있다. 확실히 고대 로마 시대에는 반지를 약혼 때 건네는 풍습이 있었고 결혼 때는 건네지 않았다. 이같은 사실은 프레센의 설을 뒷받침하는 유력한 근거가 되는 것이라고 하겠다. 당시 결혼에 앞서 약혼이 중시된 것은 약혼이 '계약'을 맺는다는 의미뿐 아니라 돈이 얽혀있기 때문인 것으로 생각된다.

다음으로 M·뮬의 '로마의 약혼반지와 그 기원'에 따르면, 약혼반지의 관습은 처음에 장식 반지를 미래의 신부에게 선물하는 것으로부터 시작되었는데, 그때 이 장식 반지는 법적 구속력을 가지고 있거나 하는 것은 아니었다. 따라서 파혼할 수도 있었고 선물한 반지는 혼약의무 불이행의 법적 근거는 되지 않았다. 그러나 기원전 3세기경부터 '계약' 당시 사용된 인장 반지를 약혼반지로 사용하게 되었다. 또 열쇠 달린 반지가 주부권의 심벌이 되어 약혼반지로 바뀐 것으로도 생각된다.

그 결과 반지가 약혼이라는 '계약'의 증표로 간주되어 그것을 받은 미래의 신부는 미래의 남편을 위해 순결을 지킬 의무가 발생하게 되어 그녀가 만일 약혼기간 중에 부정을 저지르면 법적 책임을 추궁당했다. 당시에도 처녀성은 존중되었기 때문이다.

어쨌든 약혼반지의 관습은 약혼이 '계약'의 증표가 되는 동시에 돈이 지불된 데서 생기게 된 것이라고 할 수 있다. '프리슈스의 박물지(博物誌)'에는 약혼반지는 철로 만들어졌다고 기록되어 있다. 그 뒤 금으로 만든 약혼반지를 신부에게 건네는 관습이 생겼다. 또 약혼자가 자신의 이니셜을 반지에 새겨 결혼 상대 여성에게 선사하는 관례도 이미 고대 로마 시대에 존재하고 있었다.

또한 고대 로마 시대에는 여자가 아주 젊을 때 약혼이 이루어졌다. 당시 결혼 최저 연령은 여자 12세, 남자 14세로 정해져 있었다는데, 실제로는 남자는 20세 이상, 여자는 10대 후반에 결혼하는 것이 일반적인 현상이었다. 결혼할 때는 집안과 집안간의 관계와 자손을 남기는 것이 중시되었기 때문에 두 사람의 사랑보다도 신분이나 금전이 얽힌 경우가 많았다. 고대 로마 시대에는 약혼뿐 아니라 결혼도 일종의 사적인 계약으로 간주되었다. 때문에 결혼할 때는 문서로 결혼 계약서를 쓰는 관례가 있었다. 우리는 여기서 유럽의 계약사회 원형을 보게 된다.

고대 로마 시대에는 중세 이후의 유럽에서 보게 되는 이른바 '6월의 신부'라는 관습이 있어서 결혼은 6월 후반에 하는 일이 많았다. 그 이유는 6월이 행운의 달이며 결실의 계절로 꼽혔기 때문이라고 한다. 또 신부를 안고 문턱을 넘어들어간다든가, 신부가 붉은 베일이나 관을 쓰는 관습도 이미 있었다. 이런 관습은 그 뒤 유럽의 결혼풍습에 커다란 영향을 미치게 되는데, 또한 '신부에게 불

〈그림 23〉 약탈혼

과 물을 건네주어' 그녀를 공동체의 일원으로 수용한다는 로마의 독자적인 관습도 보게 된다. 그러나 아무리 자료를 조사해 보아도 앞에 설명했듯이 이 시대에는 결혼할 때 반지를 선물한다든가 반지를 교환하는 풍습은 보이지 않는다. 결혼반지는 기독교 시대가 되어서야 볼 수 있게 되었고 고대 로마 시대에는 이런 습관은 없었던 것으로 추측된다.

　게르만 사회에서도 타키투스(50~116년경)에 의하면 약혼이 성립되면 신랑측에서 '소와 훈련 받은 말, 무기' 또는 돈이 전달되었고, 반지와 검, 장갑, 밴드는 고대 로마의 '매매혼'과 마찬가지로 '신부를 사들였다'는 증표가 되는 것이었다. 따라서 반지를 증정한다는 것은 고대 로마의 영향을 받은 데서 생겨난 습관인 것으로 보여진다. 또 지난날 로마의 건국자 로물루스(?~전 715년)가 많은 서비니인의 딸을 강탈, 로마인의 아내로 삼게 한 것으로 전해지고 있듯이 게르만 사회에도 '약탈혼'이 있었던 것으로 알려지고 있다

(그림 23). O · 마그누스의 '북방민족 문화지(誌)'에는 약탈혼에 관해 이렇게 기술하고 있다.

> 마을 사람이나 농민이 자기 아들을 장가 보내려 할 때면 친척이나 이웃 사람들을 한 곳에 불러놓고 이러이러한 마을에 시집 갈 나이가 된 처녀가 있는데 그 처녀를 강탈해서 며느리로 삼고 싶다고 제안한다. 그러면 그들은 적당한 날을 잡아 그날 무기를 갖고 말을 타고는 모이기로 정한 집에 모여 처녀를 약탈하러 간다. 처녀는 홀로 집안에 있다가 끌려가게 되면 대부분 비명을 지르며 친척들에게 살려달라고 소리친다. 처녀의 비명 소리를 듣고 달려 온 친척이나 이웃 사람들은 즉시 무기를 들고 나와 처녀를 구하려고 약탈자들과 싸운다. 처녀는 이 싸움에서 승리한 자의 소유가 된다.

이를 뒷받침하는 것으로서 결혼식(Brautlauf)이라는 말은 사람들이 신부를 강탈하려고 집에까지 달려갔다(laufen)는 의미가 되므로 어원적으로도 '약탈혼'이라는 사실이 뒷받침된다고 하겠다. 그러나 이는 과장된 표현이고 '약탈혼'이 항상 자행된 것으로는 생각되지 않는다.

게르만법에서 여성은 가장의 지배하에 있었고, 결혼풍속에서도 신부는 선물로 간주되었다. 또 결혼은 씨족간의 '법계약'으로 여겨져서 결혼약속할 때 정해진 약속된 날에 신부는 행렬을 지어 남편 집으로 간다. 식은 씨족 구성원이 원형을 그리며 빙 둘러선 속에 신랑신부가 서있다가 장로에 의해 거행된다. 그리고 이들 남녀가 잠자리에 들어가는 장면을 증인이 확인한 후 정식 부부로 간주된다. 결혼식에 교회가 직접 관여하게 된 그 이전까지는 주로 이같은 공동체에 의한 결혼식이 거행되었고 농촌에서도 마찬가지였다.

초기 고딕 시대인 13세기경 유럽에서는 기사문화가 꽃을 피웠다. 당시에는 기사가 여성에게 숭고한 사랑을 바친다는 민네(사랑)사상이 궁정을 중심으로 확산되었는데, 민네와의 관계에서는 반지가 중시되었다. 이같은 기사도 정신이 궁정문화를 만들어냈으며 그 영향을 받아 '사랑을 맹세하는 반지'가 유행했다. 이를테면 울리히 폰 리히텐슈타인은 용맹한 기사로 알려져 있었다. 그는 시합 하기를 바라면서 자기에게 도전한 자에게는 민네의 심벌로서 금반지를 주었고, 또 그에게 이기면 말을 주는 파격적인 조건을 내걸었다. 그러나 만일 도전자가 지면 그가 사랑을 바치는 여성에게 민네의 관례에 따른 인사를 하기만 하면 되는 것이었다. 그 결과 그가 모두 승리했다는 무용담이 전해지는데, 민네의 시대에 반지는 사랑의 심벌로서 중요한 역할을 하고 있었음을 여기서도 엿볼 수 있다.

게르만 사회에 확산된 기독교는 초기에는 남녀의 육체관계를 죄악시하고 금욕주의적으로 독신을 지키는 것을 이상으로 삼았다. 결혼은 자손을 늘리기 위한 차선의 방법으로서 조건부로 용인 되고 있었다. 그래서 내연관계라든가 제멋대로인 부부관계를 규제하는 의미에서 교회는 일부일처제를 하나님이 축복하시는 결혼으로 인정하기로 했다. 따라서 공동체에 의해 거행되던 결혼식을 교회 앞에서 치르던 시대도 있었다(그림 24).

그러나 중세 이후 기독교는 교회에서의 결혼식을 제도화함으로써 결혼 후의 성생활마저도 엄격하게 통제했다. 심지어 성직자가 잠자리를 확인하는 의식까지 행했다(그림 25). 또 기독교가 규제하는 결혼의 원칙은,

〈그림 24〉 교회 앞의 결혼식(위) 결혼식장에 가는 신부(아래)

당사자들에 의한 결혼 합의를 전제로 하고 두 남녀의 결합이 해소되는 것을 인정치 않는 것인데, 이는 국왕, 즉 세속적인 통치자의 결혼관과 대립하는 경우도 있었다. 예컨대 헨리 8세(1491~1547년)와 그의 아내 캐설린(1485~1536년)의 이혼문제는 로마교회와의 알력을 가져와 영국이 종교개혁을 하는 계기가 되었다.

〈그림 25〉 성직자에 의한 첫 동침 확인

그런데 기독교에서의 결혼반지 증여 또는 교환관습은 고대 로마의 약혼반지에서 비롯된 것이지만, 그 성립시기는 분명치 않다. 이미 알렉산드리아의 클레맨스(150경~215년경)가 약혼 또는 결혼 때 인장 반지를 아내가 될 여성에게 선물하는 데 대해 언급하고 있다. 그러나 약혼과 결혼 중 어느 쪽에 역점을 두게 된 것인지는 분명치 않으며, 이 시대에 결혼반지의 관습은 전혀 일반화되어 있지 않았다. 그러나 시대가 흐름에 따라 약혼보다 결혼식을 중시하는 풍조가 더욱 강세를 보여 그에 따라 결혼반지의 관습이 생겨난 것이라고 할 수 있다.

결혼반지에 관한 가장 오래 된 구전은 9세기 로마 교황 니콜라우스 1세(재위 858~67년)에 의한 것이라고 하며, 반지가 결혼 증거로 간주되었다. 또 결혼반지의 교환은 기록에 따르면 1027년에 처음으로 시작되었는데 신랑은 신부에게 금반지를, 신부는 신랑에게 쇠로 만든 반지를 주었다. 독일의 기사 이야기인 '루오트리브(11세기 중엽)'에 따르면 남편이 신부에게 칼 끝에 붙인 반지를 내밀며 절개를 지킬 것을 맹세케 했다고 한다. 이 게르만식 결혼 의례에 대해서는 의심하는 견해도 있지만, 12세기 슈바벤의 결혼식에서는 '검과 반지'를 가슴에 대고 맹세하는 말을 했다고 쓰여져 있어서 반지와 검이 정절의 심벌이었다는 것이 황당무계한 이야기만은 아닌 듯하다.

프랑스에서도 결혼반지 증여는 거의 같은 시기에 시작되었는데, 이는 봉건사회의 계약에 있어서 심벌을 주는 습관과 일치되는 것이었다. 이를테면 주종 관계를 맺을 때 당시 주군은 신하에게 창과 검, 깃발, 장갑 등을 계약 증표로서 하사했다. 이같은 관습은 결혼의 심벌로 반지를 주는 것을 받아들이는 밑바탕이 되었다고 하겠다. 그리하여 약혼·결혼반지를 교환하는 풍습이 봉건사회 속에서 확산되었고, 유럽에서는 13세기에 이르러 이것이 일반화된 것으로 보인다.

또 결혼 풍습에 있어서 중세 이후 영주의 '초야권(初夜權)'이 화제가 된다. 그러나 이 '권리'가 존재한 사실은 있었다 하더라도 대부분의 경우 실행되지 않았고, 영주는 그 대신 결혼허가료를 받았다. 또 농민이 빚을 지고 있을 때 그 빚을 갚기 위해 신부나 딸

〈그림 26〉 작센 슈피겔의 반지 교환과 적자

을 영주에게 바쳤다는 얘기도 몇 가지 전해오고 있다.

독일의 가장 오래 된 법률서인 '작센 슈피겔'(1224~25년)에는 결혼반지를 교환하는 그림이 실려 있는데, 이것으로도 반지가 두 남녀를 결합시키는 합법적인 결혼 심벌이었음을 알 수 있다. 그와 동시에 이같은 정당한 결혼에 의한 적자(嫡子)가 봉토(封土)와 재산상속권을 갖는 것을 나타내고 있다(그림 26, 반지는 크고 과장되게 그려져 있다). 당시 신부의 결혼준비물로는 양, 거위, 함, 베드, 베개, 이부자리, 시트, 테이블 보, 수건, 목욕 수건, 대야, 촛대, 아마포, 옷, 반지, 팔찌, 모자, 미사책, 의자, 융단, 커튼, 벽걸이, 실, 브러시, 가위, 거울 등을 들 수 있는데 대부분 실용적인 물건들이었다. 또 출가할 때 가지고 간 물품은 남편이 사망하더라도 그녀의 소유물이 되었다.

1470년 뉘른베르크에서 제작된, 결혼에 관한 목판화도 인용해
보겠다(그림 27). 중앙부에는 남성이 결혼 상대에게 반지를 주고
있는 모습이 그려져 있다. 중앙에서 왼쪽은 남성이 결혼할 때 준비
하는 가구류이고, 오른쪽은 여성이 준비하는 가구류이다. 즉 남성
은 무기, 말, 마구, 농기구를, 여성은 가구, 실감개, 치즈 등을 준비
하고 있다. 이 물건들은 당시 이미 결혼반지의 관습이 정착되어 있
었음을 말해준다.

그러면 구체적으로 약혼이나 결혼식은 어떻게 치러진 것일까.
약혼하게 되면 신부집 앞에 갖가지 색깔의 리본으로 장식된 작은
나무가 놓인다. 약혼 발표 후 이의가 제기되고 만약 그같은 이의가

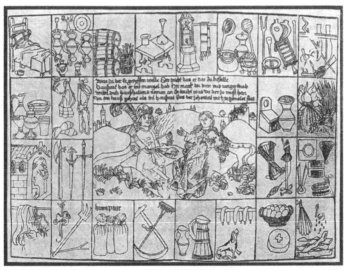

〈그림 27〉 반지 증여와 결혼 세간

인정되면 예비신랑은 시장과 그의 대리인 앞에서 마르쿠트 광장
돌 위에 묶여 구경거리가 되기도 했다. 그러나 그런 일은 매우 드
물었으며 대부분 순조롭게 결혼했다. 앞서 설명한 '북방민족 문화
지'에는 16세기의 결혼풍속이 다음과 같이 묘사되어 있다.

> 정해진 날에 각기 호화롭게 차려입은 친척들
> 과 가족들이 말을 타고 교회 앞으로 모여든다. 멋지게 만든
> 횃불 아래에서 사제의 축복을 받으며 관을 받아 쓴 신부가
> 제단 앞으로 나와 신랑 옆자리에 앉는다. 신랑신부는 순탄
> 할 때나 역경에서도 서로 돕겠다는 것을 엄숙하게 선서하고
> 반지를 교환한다. 반지를 낄 때 친척과 가족들은 신랑신부
> 를 격려하는 뜻에서 주먹으로 서로의 등을 일제히 두드린
> 다…….

북유럽에도 결혼반지를 교환하는 풍습이 전해져 이런 풍습이
세레머니(의식) 속에 짜 넣어지고 있다. 이는 영국의 사례인데 결
혼 서약으로 교회에서 신랑은 신부에게 "이 반지를 그대에게 선사
함으로써 나는 그대와 결혼하며, 나의 육체를 가지고 그대를 우러
르며, 현세의 모든 재산을 가지고 그대에게 명예를 안겨 주노라"
라고 다짐한다. 그러면 신부는 신랑에게 "저는 그대를 저의 남편
으로 삼으며, 개었을 때나 흐렸을 때나, 좋을 때나 나쁠 때나, 부자
일 때나 가난할 때나, 병들었을 때나 건강할 때나, 죽음이 우리 사

이를 갈라놓을 때까지 그대 곁을 떠나지 않으며 명랑하고 쾌활하게 살도록 힘쓰겠습니다"라고 대답했다.

신부는 혼례가 치러진 이튿날 아침, 그동안 자기 몸이 순결했음을 증명하기 위해 시트, 즉 요 위에 까는 흰 천을 창밖으로 늘어뜨리는 관습이 있었다. 그러나 순결하지 못했을 때는 그런 대로 위장하는 방법을 구사하기도 했다는 얘기도 전해지고 있다. 또 신랑은 신부에게 '첫날밤의 선물'을 한 후 정식으로 부부가 되는 것으로 되어 있었다. 그 선물은 대체로 가축이거나 그녀의 노후용 토지였다. 이렇게 해서 아내는 상속권을 얻어 가족의 일원이 되었다.

일찍이 결혼식은 가족이나 촌락 공동체의 공적인 행사였다. 그러던 것이 애정에 의한 연애의 결실이라는 사고가 일반에게 정착된 것은 그렇게 오래 된 일은 아니다. 즉, 18세기 말경부터 계몽주의라든가 낭만주의의 영향을 받아 두 사람의 개인적인 애정을 기본으로 하는 근대적인 결혼관이 성립되었다고 할 수 있다.

그리하여 결혼은 특히 프랑스 혁명 이후 교회에서 거행되는 결혼식과 함께 법적인 절차는 시청의 호적계에서 처리되며 약혼 공고 후 시청의 증인 앞에서 서약과 반지가 교환되는 방식이 도입되었다. 그러나 19세기부터 20세기에 걸쳐 약혼과 결혼반지 풍습은 그대로 계승되었다. 최근에는 결혼반지로는 다이아몬드반지가, 약혼반지로는 금, 은, 백금 반지가 주류를 이루고 있으며, 이니셜이나 결혼 날짜가 새겨져 있다. 오늘날에도 반지는 두 사람의 영원한 결합과 사랑을 상징하는 것인 동시에 정절을 나타내는 것으로 믿고 있다. 어쨌든 결혼에서는 반지가 큰 역할을 했음을 지금까지 살펴본 예를 통해서 잘 알 수 있다.

약혼 · 결혼반지의 민속학

결혼에 관해서는 예로부터 '주술적 의례'(呪術的 儀禮)의 관습이 있었다. '독일 미신 핸드북'이라는 책에 의거, 흥미로운 이야기 몇 가지를 소개하기로 한다. 결혼식 전날 저녁에 악령을 쫓는다면서 소란을 떠는 일은 지금도 여전히 계속되고 있는데, 필자도 1998년 여름, 독일 어느 시골에서 폭죽을 터뜨리며 미리 축하하는 현장을 보았다.

또 신부를 숨기는 관습이 있었는데, 결혼을 시샘하는 악령으로부터 신부를 보호하기 위해 어린 소녀나 노파를 신부로 변장시켜 식장에 내보냈다. 또는 악령을 속이기 위해 결혼식장에 갈 때 일부러 길을 다르게 가거나 길을 돌아서 가기도 했다. 성(聖) 토비아스에 의하면 결혼식이 있던 날 저녁에 악마인 아스모듀스가 나타나 신랑신부를 몰살시킨 것으로 전해지고 있어 신혼부부는 그날 저녁에 '첫날밤'을 치르지 않고 정절을 지켜야만 했다. 이같은 풍습은 사람들이 불행을 몰고오는 악령을 두려워하면서 행복한 결혼이 이루어지기를 진심으로 바라고 있었음을 말해주고 있다.

그런데 약혼과 결혼반지의 관습과도 관계가 있는 것으로 '부부화합'과 자손 번영을 위해 두 사람의 손가락을 실로 묶는 관습을 여러 지역에서 볼 수 있다. 또 메이폴(五月柱)에 화환을 거는 습관이 있었는데, 그 기둥은 페니스를, 고리는 여자의 음부를 나타내며, 이는 '결혼의 기쁨과 열매'의 상징이 되었다. 이러한 풍습들이 약혼과 결혼반지에 앞선 역사라고 할 수 있다. 약혼과 결혼반지에 관해서도 많은 설화와 관습이 있다.

우선 반지로 결혼을 점치는 풍습이다. 크리스마스날 밤에 상속반지를 여성의 머리카락으로 묶어 컵 속에 달아맨다. 결혼 '적령기'가 된 처녀가 반지를 움직이게 해서 그것이 컵 가장자리에 부딪치는 숫자가 결혼하게 되기까지의 햇수가 된다. 그리고 다시 한번 같은 동작을 반복하는데, 이 때는 결혼 후 갖게 되는 어린아이 수를 예견하는 것이다. 또 결혼식 케이크를 만들 때 케이크 속에 반지를 넣어 굽는 풍습도 있었다. 피로연 때 그 케이크를 자르게 되는데 이때 반지가 들어있는 케이크 조각을 받는 처녀가 머지않아 신부가 되리라는 것이었다.

결혼은 옛날부터 본인뿐 아니라 부모나 공동체 모두가 바라는 일이었다. 사람들은 자신이 결혼하는 것을 꿈꾸고 또 가족들도 결혼을 기다리게 되므로 결혼을 점치는 놀이의 하나로서 반지를 둘러싼 결혼 풍습이 생겨나게 되었을 것이다. 사람들이 얼마나 결혼하고 싶어했는가는 메르헨(독일의 동화)에도 전형적으로 나타나 있다. 즉 주인공인 처녀가 역경에도 굴하지 않고 착실히 집안일을 돌보며 깨끗한 마음으로 살아가고 있으면 멋진 왕자님이 나타나 행복한 결혼을 약속받게 된다는 얘기가 많은데, 이런 패턴은 당시의 높은 신분에 대한 서민의 꿈과 소망의 성취를 바라는 것이었다. 그림 형제의 동화에도 반지가 두 남녀를 결합시키는 심벌의 역할을 하는 이야기가 많다.

그런데 결혼반지는 예식을 올리기 전에 함부로 끼거나 예식 후 다른 반지와 바꿔 끼거나 하면 안되었다. 예식에서 반지를 교환할 때 상대방 이름을 소리내어 부르면 행복해진다. 만일 반지를 떨어뜨리기라도 하면 그것은 불길함의 상징이 되므로 반지 교환은 신중히 해야만 했다. 또 제단 앞에서 반지를 교환할 때 제단의 촛불이 흔들리거나 불꽃이 작아지면 결혼생활이 불행해지거나 파탄을 가져오게 된다고 생각했다. 그때 만일 촛불이 꺼지기라도 하면 들러리는 요절하게 되며, 촛불이 아무 변화없이 밝게 타면 행복한 결혼생활을 약속받는다고 믿었다.

또 반지를 교환할 때 신랑이 실수해서 신부의 약손가락 제 2관절까지만 끼워 주었다면 신부는 그 즉시 자신이 제 3관절까지 밀어넣어야 했다. 그러지 않고 그냥 내버려두면 악마가 제 3관절까지 끼워버리게 되어 좋지 않은 일이 생긴다든가, 또는 여신이 자기와 신랑이 짝지어진 것으로 착각하고 신부와 신랑과의 관계를 방해한다고 생각했다.

이에 대해서는 다른 의견도 있다. '독일 미신 핸드북'에는 신랑이 신부의 제 2관절 너머까지 결혼반지를 단숨에 밀어넣게 되면 '폭군 같은 남편'이 되고, 그렇지 않으면 반대로 '엄처 시하'가 된다고 기록되어 있다. 이 때문에 신부는 신랑이 반지를 끼워줄 때 의도적으로 손가락을 구부렸다고 한다. 이 반지의 관습은 결혼 후 신랑과 신부가 은근히 주도권 싸움을 펼칠 것임을 암시하고 있는 것이며, 또 반지를 끼운다는 행위의 근거에는 결혼생활에서의 성적인 의미도 포함되어 있었다고 할 수 있다.

결혼 후 한쪽이 반지를 잃어버리거나 파손시키면 결혼이 파탄나거나 죽음을 암시하는 것이 되었다. 또는 결혼 상대 중 한쪽의 반지가 깨지거나 하면 다른 한쪽이 정절을 배신한 증표가 되는 것이라고 했다. 이는 독일의 민요에 "그녀가 부정을 저질렀기에 반지가 둘로 깨졌다네"라는 노래가 있었던 것에서도 알 수 있다. 그러므로 교환한 반지는 사랑의 서약이 되는 것뿐이 아니라 상대방의 행동을 감시하는 힘이 있는 것으로 믿었다. 또 보석 반지의 경우 어쩌다 보석이 떨어져도 좋지 않은 징조로 여겼다.

반지는 두 사람의 결합을 의미하는 것이어서 특히 신부는 평생 동안 결혼반지를 끼고 있어야만 했다. 만일 반지를 손가락에서 빼게 되면 집안에 괴로운 일이나 불화가 찾아들어 남편의 애정이 식는다는 내용의 이야기도 전해져 온다. 또 독일의 튀링겐 지방에서는 남에게 반지를 빼게 하면 행운이 달아나므로 자신이 직접 빼야 된다는 구전도 있다.

반지가 두 사람 사이를 결합시켜주는 데 얼마나 강한 힘을 발휘하는가에 대한 에피소드가 있는데, 그것은 카알 대제(742~816년)와 그의 세 번째 아내 파스트라와의 관계를 둘러싼 이야기다. 그녀는 사악한 아내라 하여 평판이 좋지 않았는데, 얼마 후 그녀가 죽자 카알 대제는 이젠 그녀와의 관계가 깨끗이 청산된 것으로 생각했다. 그러나 그녀가 끼었던 결혼반지가 눈에 띄자 카알 대제는 마치 주술(呪術)에 걸린 것처럼 불안해지는 마음을 견딜 수 없어 주교에게 그 반지를 호수 속에 던져버리게 했다고 한다. 그러나 전설에 의하면 카알 대제는 그녀를 사랑했기 때문에 사후에도 사체를 방안에 안치해 두고 있었다. 송장 썩는 냄새가 진동해도 대제는 아무것도 모른 채 그녀가 살아있는 것으로 생각했다. 이윽고 대주교가 사체의 혀 밑에 반지가 있는 것을 발견하고 빼내자 대제는 그제서야 반지의 마력에서 풀려나 정상으로 되돌아간 것으로 전해지고 있다.

독일에서는 곧 결혼하게 된 신랑을 시기하는 자는 그 신랑에게 불능이 되는 주술을 걸기 위해 실에 매듭을 지어 강에 던지기도 했다. 그러나 이때 신랑이 3일간 아침 일찍 반지 속에 소변을 보면 그런 주술의 효력을 방지할 수 있었다고 한다. 또 깨끗이 씻은 반지 몇 개를 아내의 양쪽 손가락에 끼워주면 임포텐츠에 효과가 있는 것으로 알려졌다. 불임을 고치기 위해서는 아내의 결혼 금반지를 깎아 내어 먹으면 좋다는 미신도 있었다. 어쨌든 이는 결혼반지가 성적인 능력을 높여주는 것으로 인식되고 있는 사례이다.

반
지
의

민
속
학

〈그림 28〉 성적 부적(18세기)

뿐만 아니라 부적에서도 성과 반지에 얽힌 속신(俗信), 즉 민간에 행해지는 미신적 신앙이 있었다. 그림에 인용한 것은 잘츠부르크(오스트리아 서부의 오래된 도시)의 농민이 사용하던 여닫이식 반지인데, 〈그림 28〉(위쪽)처럼 열면 페니스가 나오도록 만들어져 있다. 아마도 성과 관련된 부적으로 손가락에 끼고 있었을 것이다. 그림 아래 쪽에 있는 여성과 남성의 심벌은 반지는 아니지만 펜던트로 사용했던 것임을 그 모양으로 보아 알 수 있다.

또 결혼식을 올리기 전에 신부가 죽으면 신랑감으로 정해졌던 남자는 신부에게 선사했던 약혼반지를 제삼자를 통해 신부의 무덤 속에 몰래 넣어주어야만 했다. 이는 일종의 비밀 결혼식이며 그렇게 함으로써 죽은 신부는 결혼한 것으로 간주되었다. 그렇게 하면 신부는 이 세상에 다시 태어나지 않고, 사후 명복이 약속되었다고 한다. 이와 마찬가지로 산욕으로 죽은 산모의 경우 산모가 끼고 있던 반지를 침대 밑에 넣어 갑작스런 죽음을 애도했다. 죽은 사람의 결혼반지는 신중하게 빼서 정중하게 보관하지 않으면 살아있는 사람을 무덤 속으로 끌고 간다고 생각했다. 이는 반지가 두 사람을 결합시키는 심벌이며, 그 힘은 사후에도 효력을 발휘하는 것으로 생각했기 때문이다.

이와 비슷한 이야기는 안데르센의 '얼음 공주'에도 나온다. 여기서는 죽음의 요정인 얼음 공주가 젊은 남녀의 약혼을 샘내어 신랑이 될 남자의 약혼반지를 훔쳐 그를 호수 바닥으로 끌어들여 '죽음의 결혼식'을 올리고 있다.

반지가 결혼을 상징하는 것이라면 출산이나 장례식 때 반지를 빼야 된다는 말이 전해져 내려오고 있는 것은 당연한 일이라 하겠다. 신생아나 갇혀진 영혼을 해방시켜 주어야 하기 때문이다. 출산이 가까워지면 반지, 벨트, 끈, 또는 머리칼 묶은 것 등을 풀거나 빼야 했다. 이렇게 해서 출산을 돕는다는 의미가 들어 있다.

그러나 반대로 결혼반지는 부적이나 다름없는 것이어서 출산이 가까워지면 산모는 결혼반지를 끼거나, 난산일 때는 시어머니에게 결혼반지를 끼워달라고 부탁하는 일도 있었다. 해산을 앞둔 산모는 금반지를 검정실로 매어 40일 동안 목에 걸고 있었다. 그렇게 40일을 지내면 생명력을 다시 얻게 된다는 것이었다. 40일이라는 것은 노아가 40일 동안 표류하고 있던 기간에서 유추된 것이며, 결혼을 공시하는 기간을 40일로 잡는 경우도 있었다.

마귀를 쫓는 반지

〈그림 29〉 마법의 오각성형 반지

결혼반지뿐 아니라 일반 반지도 고대 애니미즘(모든 현상·사물에 영혼의 존재를 인정하는 생각) 신앙에서는 마력이 있는 것으로 믿었다. 예컨대 신들이나 스카라브, 뱀, 사자, 페니스, 개구리, 오각성형(五角星形) (그림 29) 등의 조각을 새겨 넣은 인장 반지는 바로 그 자체에 신비스러운 힘, 즉 영력이 담겨 있는 것으로 믿었고, 그런 것들로 봉인하면 모든 비밀과 재산이 지켜지는 것으로 여겼다. 특히 부적은 이미 설명한 바와 같이 그 습성에 의해 이집트의 불사의 상징으로 태양신 신앙과 밀접한 관계를 갖고 있었다. 이것은 마귀를 쫓는 의식이나 장식품에도 사용되는 한편 그리스와 유럽의 풍습에도 영향을 미쳤다.

또 은반지는 고대로부터 사악한 시선을 피하는 데 효력이 있다든가, 보석이 달린 반지에는 특별한 영력이 깃들어 있다는 구전이 남아있다. 특히 유명한 것은 반지를 돌리면 자기 모습을 보이지 않게 할 수 있다는 규게스의 마법의 반지이다. 철학자 플라톤도 언급하고 있는 이 전설은 훗날 문학작품에도 채택된다. 그리하여 반지는 그 모양과 소재 등에 의해 악마라든가 사악한 것으로부터 몸을 보호하는 것으로 귀중하게 여겨져 왔다.

그런데 '오를레앙의 소녀'로 유명한 잔 다르크(1412~31년)가 끼고 있던 반지는 재판기록에 의하면 마법의 반지인지도 모른다는 의심을 받았다고 한다. 마녀인지 성녀인지 알 수 없던 잔이 반지를 끼고 있었던 것은 사실이지만, 그녀는 그것으로 기적을 바라거나 치료를 한 적은 없었다. 그러나 그렇게 말해도 믿지 않았던 이유는 이해할 수 있다. 당시의 다른 장신구와 마찬가지로 반지도 인간에게 위해를 가하는 악령이나 질병에 대한 부적으로서 갖고 다니는 습관이 일반화되어 있었기 때문이다. 잔 다르크의 경우 반지가 결정적인 역할을 한 것은 아니었지만 결과적으로 그녀는 마녀라는 의심을 받고 화형에 처해졌다.

반지를 둘러싼 민간의 풍습에 대해 몇 가지 사례를 들어 설명해 보겠다. 폴라스에 의하면, 그리스에서는 개구리나 남근 형상을 새긴 반지들을 많이 끼었는데 이런 반지를 끼면 병을 고치는 힘이 생긴다고 믿었다. 이 풍습은 기독교에도 유입되어 사람들은 예수의 형상, 예수를 나타내는 각종 문자, 천사의 형상 등을 새겨 넣었다.

또 관에 달려있는 쇠장식으로 만든 반지에 예수의 문자를 새겨 넣으면 못된 음모를 물리치는 데에 효과가 있다느니, 죽은사람의 반지나 묘지에서 발견한 반지는 단독(丹毒)에 효능이 있는 것으로 생각했다. 이런 것들은 '독을 독으로써 제어한다' 는 생각에서 생겨난 발상인 것같다.

또 반지의 영력은 간질, 어린애의 경풍, 치통, 다래끼, 궤양에도 효능이 있는 것으로 전해졌다. 특히 간질에 효능이 있다는 반지에 관한 15세기의 기록은 다음과 같다.

"'주 예수님의 수난과 그 보혈에 의한 가호가 있기를 기도드리면서 32페니히가 모일 때까지 도움을 받아' 그것으로 반지를 만들도록 한다. 그리고 그 반지를 늘 몸에 지니고 있으면서 예수 그리스도의 수난일에 다섯 번 아베 마리아를 외면 효능이 있다."

다음으로 반지는 행운을 가져다 주는 것으로서 대대로 가족에게 계승되는 관습이 존속하고 있는 지방이 있다. 예컨대 티롤 지방의 관습(행복의 반지)은 오늘에 이르기까지 이어지고 있다. 이 반지는 어린애가 태어나면 요람 속에 넣어졌다가 세례, 약혼, 생일 때 끼게 된다. 이때 반지가 행운을 가져다 준다는 데 대한 유래와 조상을 기리는 추억담들이 오가는 등 반지는 가보로서 귀중히 보존되어 왔다. 반지는 끝없이 이어지는 가계(家系)를 나타내는 심벌이며, 가족의 행복을 지켜주는 것으로 믿는다. 전통을 중시하는 유럽에서는 반지뿐 아니라 집과 가구, 기념품 등을 소중하게 보존하는 습관이 현재도 그대로 이어지고 있으며, 잠시 쓰고 버리는 데 익숙

한 일부 동양인들과는 큰 대조를 보인다.

반지는 전쟁터에서도 부적으로 귀히 여겨졌다. 특히 전쟁터에 나가는 병사가 무사히 돌아오기를 기원하면서 가족들이 선물한 반지가 부적 역할을 했다는 이야기는 이미 고대 로마 시대부터 전해 내려오고 있다. 예를 들면 로마군 백인대(百人隊 : 군대 편성의 단위)의 것으로 보이는 반지가 로마 근교에서 출토되는데, 그런 반지 중에는 남자의 손가락에는 도저히 낄 수 없을 만큼 작은 반지들이 많이 섞여 있었다. 그런 작은 반지들은 출정한 병사에게 연인이나 아내가 준 반지이며, 병사들이 그것을 몸에서 떼지 않고 소중히 지니고 있었음을 추측할 수 있다.

또 이와는 반대되는 케이스이지만 중세에도 십자군 기사가 연인에게 반지를 건네는 이야기가 전해지고 있다. 헝가리의 성(聖) 엘리자베드(1207~31년)는 독실한 크리스천으로서 "내가 죽으면 두 동강이 날 것"이라는 반지를 남편 루드비히 4세(1200~27년)로부터 선물받았다고 한다. 14세기경부터 싸움터로 가는 병사들에게 '묵주의 기도'라는 로사리오가 달린 묵주 반지가 널리 퍼졌다. 또 아브라함, 이삭, 야곱 등의 이름을 쓴 철판을 반지 속에 끼워 넣어 그것을 전투 전에 이마에 누르면 승리함은 물론 부상하지 않는 것으로 알려지기도 했다. 또 젊은이가 어머니의 약혼반지를 끼고 있으면 병역을 면할 수 있다고 믿었다. 이것으로 미루어보아 일반 민중이 병역 때문에 얼마나 많은 고통을 받았었는지 알 수 있다. 그들은 병역을 피하기 위해 소원이 이루어지기를 반지에 의탁했던 것이다.

반지의 풍습은 농민들의 소박한 일상생활에도 파고 들었다. 바이에른(서독 남부의 주)이나 에스토니아(소련 공화국의 하나)에서는 씨를 뿌리는 사람은 신발 속에 금이나 은반지를 넣어 두었다고 한다. 그렇게 하면 마녀나 요괴들이 밭을 망치지 못하는 것으로 믿었기 때문이다. 또 아마(亞麻:삼의 한 가지)를 희게 하려면 은반지를 낀 손으로 작업해야 된다든가, 농가에서 고용살이하고 있는 처녀가 가축 사료를 만질 때 오른손 집게손가락에 납으로 만든 반지를 끼고 있으면 사료가 풍부해진다든가, 또 그녀가 농가를 떠나게 되었을 때 혹시라도 가축이 그녀가 떠난다고 슬퍼하는 것을 막기 위해서는 가축을 기르던 울 안에 반지를 묻어 두고 가야 된다는, 미소짓게 하는 이야기도 있다. 또 우유를 짤 때 결혼반지를 빼고 첫번째 젖을 짜면 착유량(搾油量)이 늘어난다는 이야기도 전해진다.

이상과 같은 반지의 풍습은 어떻게 보면 근거 없는 미신처럼 보인다. 그러나 어디에도 의지할 데 없는 생활을 강요당하고 있던 민중의 간절한 소원이 반지에 담겨 있었던 것이라고 할 수 있다. 반지의 마력은 다음에 설명하는 기독교나 문학에도 깊이 관련되어 있는데, 특히 13세기에서 18세기 계몽주의에 이르기까지는 부적의 구실을 하는 반지가 전성기를 맞는다. 그중에서도 부적은 그 시대의 속신(俗信:민간에 행해지는 미신적 신앙), 연금술, 점성술, 민간 의료, 신비주의 등과 밀접하게 연관되어 있었기 때문이다.

그러나 반지가 부적으로서 힘을 발휘하던 역할은 그 후 점차 희미해져가는 한편, 최근 들어 반지가 패션적인 기능을 더해 가고 있음은 우리 모두가 알고 있는 바와 같다. 반지를 둘러싼 전설은 주로 결혼반지와 관련된 것이었지만 일반적으로는 장식품으로서의 반지가 선호되고 있다. 이는 단순히 반지만의 문제가 아니라 그밖의 액세서리에서도 액세서리가 부적의 역할을 한다는 인식은 희박해지고 있다.

제 3 장

반지와 정치적 · 종교적 권위

고대의 왕권 · 신권으로서의 대형 링

정치적 권위로서의 반지

반지와 기독교

하나님의 신부

The real history of ring

고대의 왕권 · 신권으로서의 대형 링

반지의 선사(先史)를 장식하는 것으로서 대형 링, 즉 목걸이, 팔찌, 귀고리 등이 있다. 이들은 주로 장식품이었지만 한편으로 그 일부는 권위를 나타내는 심벌이기도 했다. 특히 동양과 고대 이집트, 켈트족(영국변방에 살았던 인종의 하나)에게 대형 링은 왕권의 심벌로 사용되어 왔다. 그중 가장 오래된 것은 기원전 3500~3200년 전에 메소포타미아(서남 아시아의 티그리스 · 유프라테스강 유역의 총칭) 지방에서 발굴되었는데, 대형 링은 특히 왕이나 왕비의 묘에서 출토되는 경우가 많다.

우선 기원전 3000년 전에 동양에서의 전쟁에서 승리했음을 기념하는 부조(浮彫), 즉 돋을새김을 예로 들어보겠다(그림 30). 왼편에 서있는 왕은 왼손에 활과 화살을 들고 있으며, 오른손에는 전투용 곤봉을 쥐고 있다. 또 그의 발은 포로의 배 위에 올려져 있다. 오른쪽에 서있는 여신은 밧줄로 묶은 포로 두 명을 데리고 있는데,

〈그림 30〉 전쟁 승리의 돋을새김(기원전 3000년경)

오른손에 대형 링을 쥐고 자기 힘을 과시하고 있다. 이는 여신의 힘으로 전쟁에서 승리하여 왕이 그녀에게 감사하고 있는 것으로 풀이된다.

　다음으로는 아시리아(아시아 서부의 한 지방 ; 거기 있던 옛 왕국)의 티그라트 피레셀 3세(재위, 전 745~727년)가 제작하게 한 돋을새김이 있다(그림 31 위). 왕은 페르시아 만에서 이집트 국경에 이르기까지 광대한 지역을 통치했는데, 이 그림은 병사들이 전리품인 동상을 자기 나라로 반입하고 있는 것으로 추정된다. 왜냐하면 병사의 체격에 비해 형상이 너무 작아서 이는 실제 인간이라고는 생각되지 않기 때문이다. 선두와 두 번째는 여신상이며 특히 대형 링을 왼손에 쥐고 있는 것이 눈에 띈다. 이것도 신성한 권위를 나타내는 심벌로 보이는데, 이같은 링은 중근동에서도 많이 볼 수 있는 것으로 지배의 지팡이와 쌍으로 그려져 있는 경우가 많다. 예를 들면 기원전 7~8세기 마라차의 돋을새김(그림 31 아래)에는 앞뒤의 두 인물을 제외한 7명의 신들이 동물을 타고 있으며, 신들은 왼손에 대형 링과 지팡이를 들고 있다. 그러나 앞에서 세 번째 옥좌에 앉아있는 여신은 대형 링만을, 뒤쪽으로부

〈그림 31〉 전리품을 운반하는 병사(위, 기원전 8세기), 마라차의 돋을새김(아래, 기원전 7~8세기)

터 세 번째에 앉아있는 여신은 세겹의 번개 심벌을 갖는 식으로 모두 같은 모습은 아니다. 어쨌든 대형 링이 신들의 소유물(속성)이 었음에는 틀림없는 것같다.

대형 링 문화는 켈트족 세계에도 전파되었다. 켈트족 우두머리나 신관(神官)들은 산 제물이 된 동물의 피가 칠해진 대형 링을 들고 제사나 집회를 가졌다. 그림 32의 위쪽 그림은 켈트족의 신(神)인 케르눈노스의 형상인데 사슴 뿔을 상징하는 뿔에 대형 링과 소형 링을 걸고 있다. 사슴은 켈트족에게 성스러운 동물로 다루어졌으며, 그 때문에 신의 권위를 나타내는 것으로 숭앙되었다. 또 그림 32의 아래 중앙부에 그려져 있는 것같이 지팡이와 대형 링이 함께 등장하는 것도 켈트족 문화에서 볼 수 있으며, 이는 권위의 심벌이 기도 했다. 이 그림은 사냥과 전쟁을 그린 그림으로 추측되는데, 여기에는 풍요로운 자연의 혜택과 싸움에서 승리한 것에 대해 감사하는 마음이 표현되어 있다.

이처럼 권위의 심벌을 나타내는 대형 링 문화는 기독교 문화권에는 도입되지 않아 유럽에서는 점차 사라져갔다. 그 원인은 분명

〈그림 32〉 켈트족의 신 케르눈노스 상(像) (위), 켈트족의 사냥과 전쟁 그림(아래)

하지 않으나 초기 기독교가 본래 외형적으로 화려해 보이는 대형 링, 즉 대형 고리를 좋아하지 않았기 때문으로 보인다. 왜냐하면 기독교 시대에는 예수·성모·성인 등의 성화라든가 우상숭배가 금지되어 있었기 때문이다. 혹시 심벌이 필요하더라도 조그마한 반지면 충분하다고 여겼다. 그래서 장식품으로서의 귀고리, 팔찌, 목걸이 등은 기독교 시대에도 그대로 살아남았다.

반
지
와

정
치
적
·
종
교
적

권
위

정치적 권위로서의 반지

대형 링과 마찬가지로 반지는 장식품인 동시에 왕권의 존엄과 영예를 상징하는 것이기도 했다. 이제부터 주로 반지의 종교적 · 정치적 측면을 포를라스의 '고대와 기독교에서의 반지'를 참고하여 연대순으로 살펴보기로 한다.

우선 그리스의 경우 아테네의 시인 아리스토파네스(전 450~385년경)는 '기사'에서 고관이 직무의 권위를 나타내는 심벌로서 반지를 끼고 있었다고 쓰고 있다. 또 기원전 1세기경 그리스 도시국가의 통치자가 은퇴하여 후계자를 선출하는 집회가 열렸는데, 전임 통치자가 폴리스의 법전과 인장 반지를 놓고 후계자가 될 후보를 모집했다. 그때 독수리가 날아와 인장 반지를 물어 그것을 노예의 호주머니 속에 떨어뜨렸다. 그 광경을 본 그 통치자는 하늘의 왕인 독수리가 장차 백성이 폴리스에게 예속될 것을 독수리가 미리 알려준 것이라면서 앞으로 세상을 통치할 통치자는 백성의 자유를 빼앗는 일이 없도록 경고했다고 한다. 이같은 고사를 보더라도 당시 이미 인장 반지는 지배의 심벌이었음을 알 수 있다.

로마 시대에도 반지가 권위를 상징하고 있었다는 것은 외교상의 신임장에 인장 반지가 찍혀 있었던 것으로

〈그림 33〉 부친 피핀에게서 반지를 위양받는 카알 대제

추측할 수 있다. 또 로마 황제 티베리우스(재위 14~37년)가 임종할 때 권위의 심벌인 반지를 단단히 쥐고 있었다는 등의 에피소드가 남아있다. 아우구스트 황제(재위 전 27~후 14년) 이후 자신의 초상을 인장 반지에 새겨 넣게 되어, 티베리우스, 칼리귤라(재위 37~41년), 클라우디우스(재위 41~54년), 네로(재위 54~68년) 등 후계자인 황제들도 인장 반지 끼는 것을 답습했다. 또한 황제 하드리아누스(재위 117~138년) 시대에는 반지를 끼는 습관이 확산되었지만, 신분에 따라 자유민은 은반지를, 노예는 쇠반지만을 끼어야 했다.

다음으로는 강대한 프랑크 왕국을 구축한 카알 대제가 그의 부친 피핀(714~768년)에게서 반지를 받으며 왕권을 위양받는, '빨간 잉크'로 그려진 귀중한 그림이 남아 있다(그림 33). 이 그림은 11세기경 푸르다의 수도원에서 만들어진 모사인데, 오른쪽에 앉아있는 피핀왕은 수염을 기르고 있고 왕관을 쓰고 있으며 검을 차고 있

반 지 와 정 치 적 · 종 교 적 권 위

고, 오른손에 쥐고 있는 반지를 바야흐로 차기 왕인 카알에게 위양
하려 하고 있다. 약간 굽히고 있는 피핀왕의 왼쪽 손가락에는 반지
가 보이지 않는데 이제 방금 반지를 뺀 것임을 알 수 있다. 카알 대
제도 '왕관을 머리에 쓰고, 검을 허리에 차고, 위대한 캐롤린 시대
풍 왕의 지팡이를 왼손에' 들고 오른손으로 반지를 받으려 하고
있다. 이것으로 미루어 보더라도 반지가 검이나 왕의 지팡이와 마
찬가지로 권력 위양시 중요한 역할을 한 것임을 알 수 있다.

　신성 로마제국 황제와 로마교황과의 분쟁에서도 반지를 둘러싼
에피소드가 있다. 카노사의 굴욕으로 유명한 하인리히 4세
(1050~1106년)는 성직 임명권 투쟁 과정에서 퇴위를 강요당하면서
왕관, 망토, 반지 등 권위와 관계되는 것을 포기하도록 명령받았
다. 그러나 카노사의 굴욕 등을 거쳐 거꾸로 그는 교황 그레고리우
스 7세(재위 1073~85년)를 폐위시키고 클레멘스 3세(재위
1084~1100년)를 교황으로 지명한다. 또한 하인리히 4세는 그의 아
들 하인리히 5세(1081~1125년)에게 반지를 물려주어 황제의 후계
자로 삼았다. 그런데 성직 임명권 투쟁에서도 특히 '임명의 증표
로서 반지와 왕홀'이 문제되어, 이탈리아에서 반지는 그리스도의
권위를 나타내는 심벌이었기 때문에 그 후계자, 즉 교황에게만 임
명 권리가 있게 되었다.

　신성 로마황제의 구체적인 대관식 광경은 1191년 4월 14일 실
시된 하인리히 6세(1165~97년)의 사례에서 볼 수 있다. 여기에는
로마에서의 대관식 식순이 그림 풀이 형식으로 알기 쉽게 그려져

〈그림 34〉 로마의 대관식

있다(그림 34). 바티칸에 도착한 왕은 기름으로 손이 깨끗이 씻겨지고, 로마교황은 하인리히 6세에게 검과 함께 반지(그림에서는 심벌화되어 확대 묘사되어 있다)를 수여하고 있다. 그러나 이에 대해서는 이설(異說)이 있다. 그것은 하인리히 6세는 로마에서 대관한 것은 사실이지만 그림을 그린 사람은 로마에서의 대관식이 아니라 아헨에서 있었던 대관식을 유추해서 그렸다는 것이다. 그 진위는 어떻든 간에 여기서도 반지가 대관식에서 중요한 의미를 지니고 있었음은 틀림없는 사실이라고 하겠다.

봉건제도가 확립됨에 따라 프랑스에서는 13세기에 금으로 만든 벨트와 금반지·보석을 소지하는 것이 제한되었으며, 잉글랜드, 이탈리아, 스페인 등에서도 14세기에 이와 비슷한 칙령이 내려졌

반지와 정치적·종교적 권위

95

다. 이런 것들을 몸에 지닌다는 것은 왕족이나 귀족의 특권으로, 신분의 차이를 외관상으로도 알 수 있었다. 그것은 문장(紋章)과 같은 심벌이 봉건사회에서 성립된 것과도 일치된다.

그런데 지배자가 하층 신분을 가진 자들에게 금은 보석을 지니지 못하도록 여러 차례 되풀이 금지령을 내린 것을 보면 일반인들도 금은 보석에 대해 강한 집착을 보이고 있었음을 알 수 있다. 또 중세 후기부터 문예부흥기에는 반지가 시인을 표창하거나 각종 경기 상품으로도 사용되었다.

M · 블로크의 '왕의 기적'에 의하면 영국의 왕가는 민속학적인 만성 결핵임파선염을 치료하는 관습을 왕의 권위를 높이는 의식으로 변용시키고 있다. 이는 원래 간질에 효과적인 반지의 풍습을 본보기로 한 것으로 생각된다. 이 의식은 에드워드 2세(1284~1327년) 이후 시작된 것으로 알려지고 있는데, 그 개요는 다음과 같다.

해마다 한번 있는 성금요일(聖金曜日 : 천주교)에 왕은 예배를 마치면 제단으로 다가가 귀금속 경화(硬貨)를 바친다. 그 뒤 이를 '매입'하기 위해 일반 경화와 교환한다. 그 다음 제단에서 받은 귀금속을 가지고 다시 반지를 만들면 이것이 간질이나 난치병에 효험이 있는 반지가 되었다. 이에 따라 왕은 권위를 과시하려 했고, 헨리 5세(1387~1422년)까지의 역대 왕도 이런 의식을 계승했다고 한다. 그러나 헨리 6세(1421~71년) 시대가 되자 식은 간략해져 미리 만들어둔 반지를 그날 갖고 가서 십자가 밑에 바쳤다. 그 뒤 25실링으로 그 반지를 다시 되사서 기적을 일으키는 반지라고 했다.

〈그림 35〉 헨리 8세의 초상화(1540년)

그런데 영국의 헨리 8세 (1491~1547년)가 액세서리를 얼마나 좋아했는가는 초상화를 보면 알 수 있다(그림 35). 이 그림에서 볼 수 있듯이 이 절대주의 군주는 화려한 루비, 오팔, 금, 진주 등으로 장식한 옷을 입고 있다. 특히 오른손 집게손가락에 낀 반지는 권위를 상징하는 것이었고, 그 보석이 크고 가치가 높을수록 그만큼 권력이 막강하다는 것을 상징했다. 헨리 8세는 왕비를 다섯 차례나 갈아치운 것으로도 유명하다. 그는 엘리자베스 1세(1538~1603년)의 부친으로 여왕의 어머니는 두 번째 왕비인 앤 브린(1507~36년)이다. 왕은 이 두 번째 왕비를 간통죄로 참수에 처해 물의를 일으켰다.

엘리자베스 여왕도 아버지를 닮았는지 액세서리에 관심이 많았는데, 그녀와 대립한 비극의 여왕 메리 스튜어트(1542~87년)도 문장이나 모노그램(2개 이상의 문자를 한 글자 모양으로 도안화한 것)을 새겨 넣은 훌륭한 인장 반지를 사용했으며, 이는 대영박물관에 보존되어 있다. 그러나 영국에서는 반지가 왕의 지팡이와 함께 왕위 계승의 심벌이 된 것은 1689년부터이다. 이 관행은 1911년, 조지 5세(1865~1936년)가 황태자 '프린스 오브 웰즈' 의 칭호를 받을 때도

반지와 정치적 · 종교적 권위

이어져 오늘에 이르고 있다.

반지는 나폴레옹의 대관식에서도 큰 역할을 했다. 1804년 12월 2일, 대관식이 있던 날 행렬 선두에 에머랄드가 달린 금반지가 받침대에 놓여 운반되었다. 한편 왕비 조세핀(1763~1813년)의 반지는 루비가 박힌 반지였다. 나폴레옹의 반지는 1811년의 기념제 때도 그의 위엄을 나타내기 위해 사용되었다. 그러나 이 반지는 나폴레옹이 실각하여 파리를 떠나게 되었을 때 그의 두 번째 아내에게 "그 반지는 프랑스로 반환해야 한다"라는 명령이 내려졌으나 행방불명되어 버렸다. 나폴레옹은 또 루이 15세(1710~74년)나 마리 앙뜨와네뜨가 애용한 140.5캐럿짜리 거대한 다이아몬드를 대관식 때 권위의 심벌로 사용했다. 이렇게 반지와 보석에 집착한 사실로 미루어보아도 나폴레옹은 혁명의 계승자가 아니라 왕정을 답습한 인물이었음을 알 수 있다.

반지와 기독교

기독교 이전 시대에 반지는 제사적·종교적 의미를 지니고 있었으나, 고대 이교도에 근원을 갖는 이 반지의 관습은 기독교 시대에도 그대로 답습되었다. 반지에 관한 기술은 '성서'에서도 볼 수 있다. 예컨대 '창세기' 41장에서 애굽왕 바로는 명철하고 지혜 있는 요셉에게 이렇게 말한다.

"내가 너로 애굽 온 땅을 통치하게 하노라." 그리고 바로는 자기의 인장 반지를 빼어 요셉의 손에 끼우고 그에게 세마포 옷을 입히고 금사슬을 목에 걸어주었다. 또 '에스더' 3장에서도 페르시아의 아하수에로스 왕은 대신인 하만이 유대인을 소탕할 것을 제안하자 손가락에 끼고 있던 반지를 빼어 하만에게 주며 전권을 위임하고 있다. 구약성서에서 반지는 이처럼 지배권을 위양하는 심벌이었음을 알 수 있다.

그리스도교 교도들의 카타콤베(지하 묘지)에서 많은 반지가 발견되었는데, 이는 초기 기독교 지도자들의 호화생활을 경계하는 가르침과 상반된 것으로 생각된다. 그러나 반대로 반지의 전통이 얼마나 뿌리깊었던 것인가를 말해주는 것이라고 하겠다. 가장 오래된 기독교 반지 중 하나는 로마 교황 카이우스(재위 283~296년)의 묘에서 발견된 인장 반지라고 한다. 또 초기 기독교 시대인 비잔틴(6세기경 비잔티움을 중심으로 성행한 건축 양식) 양식 시대 반지에 새겨진 형상이 이교도 시대와 기독교의 흔적이 혼재된 것이 눈에 띈다.

중세가 되자 '순례 반지'가 유행했다. 순례를 떠날 때 사람들은 순례지 명칭이나 그 지방의 문장 또는 성자의 초상 등을 반지에 새겼다. 또 페스트를 예방하기 위한 것으로는 묵시록의 지도자 혹은 카바라(유대교의 신비주의 사상)의 글귀를 새겨 넣었다. 그 후 기독교에서는 교황, 추기경, 주교 등이 위임할 때 반지가 사용되었는데 이는 인장 반지에서 파생된 것으로 권위와 영예를 상징하며 종교적으로 큰 역할을 담당했다.

교황의 반지는 세 종류가 있는데 그 중 하나는 '어부의 반지'로 알려져 있으며, 다른 두 반지는 '의식용 교황 반지'와 '보통 교황 반지'이다. 특히 어부의 반지는 베드로가 일찍이 어부였기 때문에 그물을 던지는 그림이 새겨져 있다. 어부의 반지는 대대로 위양되고 있으나 이같은 관습이 언제부터 시작되었는가는 분명치 않다. 교황이 사망하면 교황 반지는 파기되고, 새로 교황이 선출되면 새 교황의 이름이 새겨진 새 반지가 손에 끼워졌다고 한다. 또 역사적

〈그림 36〉 종교반지(위), 오른손 성 유물상(왼쪽)

으로도 교황 클레멘스 4세(재위 1265~68년)가 그의 조카에게 보낸 1265년의 편지에 어부의 반지에 관한 언급이 있다.

그런데 교황 반지뿐 아니라 주교 반지도 있었다. 이는 의식에서 장갑 위에 끼는 것으로 보통 반지보다 지름이 크고 더욱 호사스럽게 만들어졌다. 주교 반지는, 기록에 의하면 1187년의 로마교황 그레고리우스 8세의 편지에 의해 '반지를 소지하는 것은 주교의 점유권'으로 간주되었다고 한다. 이 반지는 초기에는 인장 반지였으나 그 뒤 사파이어를 박은 반지가 많았고 또는 루비를 박은 경우도 있었다. 그런데 주교 반지는 '교회와 주교와의 정신적인 결혼의 상징'으로 해석된다. 또 추기경의 반지도 있는데, 가장 오래된 반지는 1300년경의 것이며, 14세기에는 일반에게 널리 알려지게 되었다. 추기경 반지는 교황으로부터

반지와 정치적 · 종교적 권위

하사받았고, 나중에는 이 반지에도 사파이어를 박는 것이 관행이
되었다.

　종교반지는 중세에는 오른손을 성스러운 손으로 여겼기 때문에
오른쪽 집게손가락에 끼게 되어 있어 일반인이 왼손에 끼는 반지
와는 달랐다. 그림 36(왼쪽)은 14세기에 제작된 말케리아누스와 베
드로의 순교를 널리 알리는 오른손 성 유물상(遺物像)이다. 그 집게
손가락에는 반지가 끼워져 있어 성인의 권위를 나타내고 있다. 이
같이 성스러운 반지는 일반인의 사용은 금지되어 있었으나 평신도
가 종교적인 모티브가 되는 반지를 끼는 것은 자유였다. 그럴 경우
반지에 새겨 넣는 것으로는 십자가라든가 모노그램(합일 문자) 외
에 비둘기, 물고기, 어부, 닻과 배, 독수리, 양 또는 '주님, 저에게
은총을 베풀어 주시옵소서' 라는 문자를 새겨 넣었다. 순례 반지인
경우에는 조가비나 발바닥을 새겨 넣는 등 심벌은 갖가지였다. 어
쨌든 이런 것들은 기독교와 관계가 깊은 것들이었다.

　또 기독교와
관련된 반지의
전설에는 '에드
워드의 반지' 가
있다(그림 37).
이는 1163년에
수도원장 아일
레트 오프 티보

〈그림 37〉 거지에게 반지를 주는 에드워드 왕

가 쓴 전기에 따른 것인데, 에드워드 참회왕(懺悔王 : 1002?에서 5년
~1066년)이 어느날 거지를 만나 돈을 주려 했으나 마침 가진 게 없
어 반지를 주었다. 이 초라한 거지는 사실은 성 요한이었다고 한
다. 몇 년 후 영국의 순례자가 예루살렘(로마라는 설도 있다)으로 갔
을 때 그 성 요한을 만나게 된다. 성 요한은 그 순례자에게 반지를
주며 왕에게 되돌려줄 것을 부탁한다. 그러면서 하늘 나라에서 기
다리고 있겠노라고 말했다 한다. 이 반지는 그 뒤 에드워드 왕이
끼고 있다가 왕이 죽은 후 웨스트민스터 사원에 반지와 함께 매장
되었다. 그곳에는 반지 전설에 얽힌 왕과 거지 모습의 성 요한 상
이 안치되어 사람들에게 신앙심을 불러일으키고 있는데, 그 바탕
에는 순례와 긍휼심이 강조되고 있으며, 반지가 구체적인 심벌이
었음은 상징적이다.

하나님의 신부

미혼여성이 그리스도의 신부가 되어 하나님에게 정성을 다 바친다는 관습은 성 카테리나(프랑스에서는 성 카트리느) 전설에 유래한다. 왕녀 카테리나는 로마 시대에 기독교로 개종했다. 그녀는 아름답고 총명하며 신앙심이 독실했는데 황제 막심아누스(?~314년)의 구혼을 받았다. 그러나 카테리나는 거절하고 '그리스도의 신부'가 되어 하나님과의 결혼을 선언, 처녀인 채 순교했다. 프랑스에서는 이 전설에 얽힌 제사가 11월 25일에 베풀어진다. 이전에 그 제일은 25세가 된 독일 여성이 결혼을 기원하거나 결혼을 재촉받는 날이었다. 그래서 다음과 같은 기도를 드렸다.

성 카트리느님, 제발 부탁이에요
믿을 분은 당신뿐이에요
당신은 우리의 수호신!

고개 숙여 부탁드리겠어요

결혼하게 해주세요

남편을 보내주세요

사랑으로 애가 탑니다

기도를 들어주세요

마음속 깊이 드리는 기도예요

우리의 어머니 되시는 성 카트리느님

제발 남편을 보내주시기를

　성 카트리느는 '그리스도의 신부' 가 되었기 때문에 독신 여성
들은 결혼하고 싶을 때 그녀에게 결혼하게 해달라고 빌었던 것이
다. 그러나 지금은 11월 25일이 젊은 여성들의 즐거운 축제일(성
카트리느 축일)이 되었다. 또 이날은 독신여성이 독신을 계속 밀고
나가는 기념일로서 주로 패션업계에 종사하는 여성들이 축일로 삼
고 있다. 따라서 축제는 여성의 결혼관이나 생활방식의 변화를 반
영하는 것이라고 하겠다(그런데 독일에서는 중세에는 성 안드레가 결
혼을 중매해 주는 것으로 믿고 있었기 때문에 11월 29일 밤에 독신여성
이 결혼하게 해달라고 기도했다).

　유럽에서는 성 카트리느처럼 하나님 나라를 갈구하며 여자수도
원에서 신앙생활에 몰입한 여성들이 많았다. 본래 여자수도원은
340년경 알렉산드리아 근교에 세워져 서방세계로 확산되었으며,
그 뒤 수도원과 함께 여러 곳에 세워졌다.

여자수도원은 엄격한 수행의 장소로서 수도하는 여성들은 중세 이후 자나깨나 예배를 드리며 금욕적인 자급 자족의 공동생활을 했다. 그녀들 중에는 귀족의 딸도 있었는데, 수도원과 마찬가지로 여자수도원은 가장 교양 있는 사람들이 모인 문화의 중심지였다.

여성이 수도원에 들어가 하나님의 종이 될 때 원장은 그녀와 하나님과의 결혼 의식을 집행하며, 그녀에게 반지를 끼워준 후 그리스도와의 정신적인 결합을 선언한다(그림 38). 이때 반지는 소박한 원형의 것이 많았다. 이같은 관습은 9세기경부터 시작된 것으로 전해지고 있는데, 그 배경은 기독교의 독신주의 찬미와 처녀 숭배에서 연유된 것이라고 할 수 있다.

중세 종교사 연구자인 P·딘첼바하는 하나님과의 결혼을 둘러싼 에피소드를 '성녀인가 마녀인가'에서 이렇게 설명하고 있다.

〈그림 38〉 하나님과의 신비한 결혼

전 세기말에 이르기까지의 통계에 의하면 하나님과의 결혼을 체험한 77명의 신비주의 여성이 있었는데 그중 52명은 신부의 반지를 받고 43명은 성흔(聖痕)을 얻었다. 몇 명의 신비주의 여성은 문서로도 하나님과의 계약을 맺었다……. "주님, 저는 당신을 영원히 사랑할 것을 다짐합니다. 당신이 아닌 다른 사람은 원하지도 않습니다. 이제 저는 당신의 신부로서 진심으로 몸을 바칩니다."

이상과 같은 신비체험 중에는 그리스도의 '신부 반지'를 받은 것으로 느낀 여자 수도자와, 성흔을 얻었다고 생각한 여자 수도자가 겹치고 있다. 이처럼 경건한 마음으로 기도하는 가운데 깨끗한 구도생활을 한 여자 수도자가 많았던 것이 사실이지만, 여자 수도자 중에는 폐쇄적인 세계에서 육욕의 유혹에 빠져 신세를 망친 여성도 있었다. 포크스는 '풍속의 역사'라는 저서에서 여자 수도자가 어떻게 생활했는가를 다음과 같이 묘사하고 있다.

여러 지방에서 여자수도원은 귀족들과 음란한 융커(토지 귀족)들이 특히 선호한 매춘굴이었다. 탄탄하고 실팍하게 생긴 기사가 그토록 환대받는 곳도 달리 없었고, 비너스 같은 여성이 기사를 그토록 뜨겁게 대우하는 곳도 달리 또 없었다. 그곳은 실상 환락과 쾌락의 장소이며, 창녀촌과 같이 종일 야단법석인 곳이었다. 그곳에 들르는 손님

은 무료였다. 손님은 오직 자기 정력만을 대금 대신 치르면
됐다.

포크스의 주장이 과장된 것이라고는 하나 사실과 전혀 다르거
나 한 것은 아니었다. 이는 이탈리아의 작가 보카치오(1313~75년)
의 '데카메론'에도 묘사되고 있는 세계인데, 금욕주의로부터 보다
인간적인 삶으로의 전환
은 르네상스의 자유로운
시대정신을 나타내는 것
이었다(그림 39).

미국영화 '수녀 이야
기'(1959년)에도 여주인공
가브리엘이 '하나님의 신
부'가 될 것을 맹세한 후
주교로부터 반지를 받는
인상적인 장면이 그려져
있다. 하지만 하나님과의
결혼을 결심한 그녀는 교

〈그림 39〉 성의 눈뜸

회와 계율에 대해 의문을 갖게 되면서 그동안 순진한 마음으로 믿
어 왔던 신앙심이 무너지자 교회를 떠나게 된다. 오드리 헵번 주연
으로 일세를 풍미한 이 영화를 올드 팬이라면 아직 기억하고 있을
것이다. 어쨌든 영화나 연극에도 지난날 프랑스의 여자 수도자 엘

로이즈가 체험한, 하나님과 살아있는 육신에 얽힌 인간세계의 상
극이 전개되고 있다.

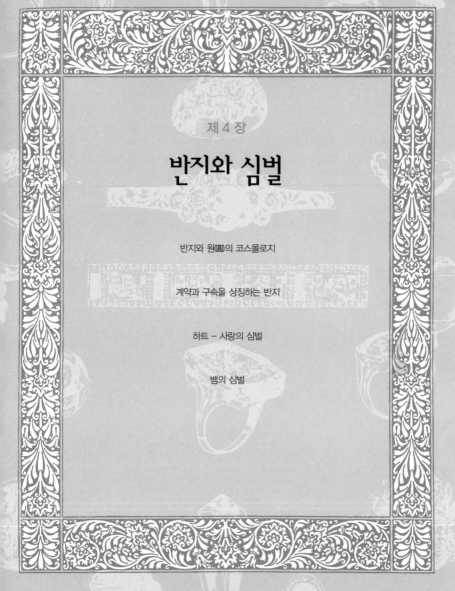

제 4 장

반지와 심벌

반지와 원(圓)의 코스몰로지

계약과 구속을 상징하는 반지

하트 – 사랑의 심벌

뱀의 심벌

The real history of ring

반지와 원(圓)의 코스몰로지

장신구는 둥근 모양의 것이 많다. 어린 아이들이 놀이를 하면서 만드는 화환이나 목걸이도 그렇지만, 이어링이나 네크리스, 브레이슬릿, 왕관, 밴드, 염주 등도 원형을 기본으로 하고 있다. 그 이유는 신체 중 머리, 목, 몸통, 팔 등이 대부분 원형 모양을 하고 있어 여기에 장신구를 부착하려면 원형으로 된 것이 가장 합리적이기 때문이다. 반지도 마찬가지로 손가락이 둥근 모양이기 때문에 그에 맞춰 원형으로 만들어진 것이다.

그런데 원은 그 원이 에워싸고 있는 내부의 영역을 보호하고 있다고 생각된다. '세계 심벌 대사전'은 보호를 위한 원과 장신구와의 관계에 대해 이렇게 설명하고 있다.

보호를 위한 원은 개인의 경우 반지, 팔찌, 목걸이, 띠, 관 등의 모양을 취한다. "마귀를 쫓는 반지, 부적의 링, 오각성형(五角星形)의 마법의 고리는 예로부터 여러 민족에 의해 사용되어 왔다……." "……이같은 상징적인 의미는 고대의 전사들이 무엇 때문에 그처럼 많은 팔찌를 끼고 있었는가를 설명해 준다. 아마도 그들이 무사히 귀환하기를 바라는 사람들로부터 그 팔찌가 선물로 보내졌을 것이다."

그러고보면 원의 보호작용은 장신구가 부적 역할을 하는 것과 밀접하게 관계되고 있음을 알 수 있다. 고대로부터 사람들이 원형 장신구를 착용한 것은 나름대로 까닭이 있었다. 고대 전사들은 대부분 팔찌를 끼고 있었으며 이는 유적에서도 자주 출토되고 있다. 팔찌를 끼는 목적은 싸울 때 사용하는 팔을 물리적으로 보호하기보다 오히려 팔이나 목을 위한 부적이었던 것같다.

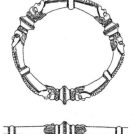

〈그림 40〉 켈트족의 팔찌

특히, 켈트족 전사나 로마 병사가 반지나 팔찌를 부적으로 사용해 왔음은 잘 알려진 사실이다. 한 가지 예로서 켈트족의 팔찌에 두상(頭像)이 연결되어 있는 것을 보자(그림 40). 이는 전쟁터에 나가더라도 다치지 않고 귀환하기를 소원하는 것이었다. 이 원형이 갖는 순환구조의 배

후에는 무사함을 바라는 고대인들의 기원이 스며있는 것으로 생각
된다.

　그런데 유럽의 중요한 문장(紋章)을 모은 편람(便覽)에는 반지에
관한 다음과 같은 교훈시가 실려 있다.

　　　　　반지는 시작도 없고, 한가운데도 끝도 없이 영
　　원한 존재임을 보여 주고 있다. 이 세상 사람들은 모든 것을
　　높이 평가하고 있지만 그것은 사라지는 것이며 번민을 가져
　　온다. 영원한 것, 이것이야말로 나의 기쁨이로다.

　여기서 반지는 영원의 심벌이다. 즉 결혼 반지의 원은 영원한 사
랑을 보여주는 것이며, 반지에 새겨진 이중삼중의 고리는 끊을래
야 끊을 수 없는 사랑의 단단한 매듭을 나타내는 것이었다(그림 41).
　원은 영원과 순환의 심벌인데, 그렇다면 그 중심은 어떻게 된
것인가. 반지를 손가락에서 빼면 반지 속은 공동(空洞)이 되지만

〈그림 41〉 다중환(多重環) 반지

손가락에 끼면 상황은 달라진다. O·F·레그너는 '반지 4000년'에서 "반지는 손가락 자체가 중심점이며 따라서 인간 전체가 중심점이 된다"라고 쓰고 있다. 손가락과 손가락에 끼워진 반지를 중심으로 손과 목, 즉 인간이 존재하며, 또한 이를 확대시키면 지구와 우주 공간으로 이어져 나간다.

이렇게 생각하면 원은 반지와 팔찌와 같은 조그마한 신체 일부를 초월하여 세계 또는 우주와 같은 무한한 공간을 전망할 수 있게 된다. 말하자면 반지는 우주적인 세계를 응축한 것이었다. 그런 뜻에서 사람들은 반지를 세계와 우주의 원점이라고 생각했다. 그러므로 원형의 근원에는 사람들의 깊은 세계관이나 사상이 내포되어 있고, '원의 코스몰로지(우주론)'라고 할 수 있는 세계가 있었다고 할 수 있다.

M·루르카의 '상징으로서의 원'에 의하면 원의 중심은 다음과 같이 설명되어 있다.

> 원에 있어서는 일체의 대립이 지양되며 동시에 힘도 내포된다. 뿐만 아니라 구심력과 원심력이 서로 팽팽히 맞선다. 따라서 원은 만유(萬有)를 질서있게 가지런히 세우는 신성한 중심의 장소가 된다. 원의 절대적인 내부는 모든 생명이 그 안에서 솟아 나왔다가 다시 그 속으로 유입되는 세계의 태이다. 하나님이 창조하신 원에서 인간이 태어났다……

〈그림 42〉 켈트족의 소용돌이 모양의 반지

루르카에 의하면, 원은 신성한 창조의 근원이 되는 것이며 또한 '완전, 성취, 계속'의 심벌이 있다. 그림 42에 인용한 것은 켈트의 침금상(針金狀) 반지이다. 모두 안쪽으로 말려있는 소용돌이 무늬로 장식되어 있는 것이 특징인데, 이 속에 켈트의 세계관이 응축되어 있다고 할 수 있다. 게다가 여러 개의 소용돌이 무늬가 있으며 그에 따라 약동하는 움직임이 증폭되어 그 근원에 있는 생명력을 암시하고 있다. 소용돌이야말로 켈트족의 신비스런 특징이라고 할 수 있으며, 이는 고대 로마의 장식에도 크게 영향을 미쳤다.

그림 43은 베네치아의 산 마르코 사원 입구 내부에 있는 천장에 그려진 천지창조도이다. '하나님이 창조하신 원'을 본뜬 둥근 천장으로부터 '성서'의 '창

〈그림 43〉 천지 창조도

세기' 세계가 생성된다. 최초로 창조하신 날들이 연륜 모양의 고
리에 의해 나타나 중심원의 지구로부터 차례로 달과 별과 우주 등
이 창조된다. 바깥 둘레에 있는 13개 고리는 6일째가 되는 천지를
나타내는 것이라고 한다. '창세기'에 의하면 천지창조는 엿새만에
이루어진 것이기 때문인데, 하나님은 그 뒤 원의 중심에 있는 낙원
인 에덴 동산에 내려 오셔서 진흙으로 아담을 만드셨다. 왼쪽 위에
보이는 손은 하나님의 창조의 오른손이다.

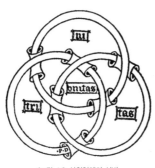

〈그림 44〉 삼위일체의 심벌

또 기독교에서 세 개의 원은 삼위일체
를 가리키며(그림 44), 대성당의 장
미창도 '하나님의 나라'를 상징
하고 있다. 원은 하나님의 창조
물 중에서 가장 완벽하고도 안
정된 형상이었으므로 사람들이
이것에 의해 하나님의 세계를 구상
화했다고 할 수 있다. 또한 생명을 기르
는 자궁이 거의 원형에 가깝다는 것도 매우 암시적이다. 따라서 이
미 확인했듯이 동양과 고대 이집트, 켈트에서는 대형 링이 하나님
과 왕의 신비한 힘을 상징하는 것으로 인식되었으며, 기독교 시대
에도 그 정신이 계승되었다. 또한 그것은 반지의 원 속에도 유입되
어 이 불가사의한 영적인 힘이 계속 이어져 왔던 것이다.

　이렇게 해석하면 고대인들이 원이나 반지에 집착한 까닭을 알
수 있다. 이 세상의 피조물 중에서 원(圓)과 구(球)는 가장 궁극적인

형상이며, 태양, 지구, 달 등 눈에 보이는 우주는 말할 것도 없고, 왕관, 진주, 여의주 등도 원의 형상을 하고 있다. 또 봄, 여름, 가을, 겨울처럼 같은 리듬으로 반복되는 자연의 흐름뿐 아니라 한 주(週), 하루, 시간과 같은 일상생활도 넓은 의미에서는 둥근 고리 모양의 운동이라고 할 수 있다.

이상과 같이 고대로부터 사람들은 원이나 구(둥근 물체)의 심벌 속에서 신성한 권위라든가 창조의 근원을 찾아내면서 그 형상에 그들의 세계관을 의탁해 왔다.

중세인들은 마이크로코스모스(대우주)와 미크로코스모스(소우주)의 세계관을 가지고 있었는데, 이 코스몰로지(우주론)는 원의 사상과 밀접하게 관련되어 있다. 즉 마이크로코스모스는 일상적인 생활을 하고 있는 인간의 힘으로는 미치지 않는 세계를 의미한다. 초자연 현상, 죽음, 질병, 불행, 재난, 전쟁 등이 여기에 속한다. 그것은 우주와 하늘이며, 지하 세계이며, 저 세상이기도 했다. 이리나 마녀 등 정체를 알 수 없는 것들이 사는 삼림이나 외국 등도 마찬가지다.

이에 비해 미크로코스모스는 인간이 사는 일상적인 세계를 의미했다. 이를테면 그것은 도시와 농촌이며 집이었다. 고대 중세인들은 무서운 세계로부터 몸을 보호하려고 마이크로코스모스와 미크로코스모스 사이에 경계를 치고 생활을 방어하려 했다. 중세 도시를 둘러싸고 있던 원형의 성벽과 농촌의 경계를 나타내는 목책 등도 이같은 세계관에 따른 것이라고 할 수 있다. 또 예부터 사람들

은 샘이라든가 화로, 굴뚝 등을 마이크로코스모스로 향하는 출입
구로 보고 이를 '고리로 에워싸고 악마를 물리쳤으며', 또한 '법정
이나 경기장을 고리로 둘러싸고 신성시' 했다. 따라서 반지의 둥근
고리도 미크로코스모스의 경계를 축소시킨 것이라고 할 수 있다.

이렇게 생각하면 반지가 손가락뿐 아니라 몸 전체를 지켜주고
있다는 이미지가 떠오른다. 사람들은 이 고리에 의해 마이크로코
스모스로부터 침입해 오는 악마와 질병, 전쟁, 불행, 재해, 불안 등
을 방어하려 했다. 반지에 관한 부적이나 많은 구전도 이처럼 의지
할 데 없는 인간의 연약함에서 도피하기 위해 생겨난 것이었다. 그
리하여 반지의 초능력에 대한 신앙은 민중 사이에도 전파되어 반
지는 부적으로서 큰 인기를 얻게 되었다.

계약과 구속을 상징하는 반지

약혼반지와 결혼반지는 계약과 구속을 상징하는데, 먼저 계약의 의미를 생각해 보기로 하겠다. 유럽은 일반적으로 계약사회라고 불리었다. 중세 봉건체제하의 주종 관계도 계약이었다. 즉 주군이 신하에게 영지를 주고 그 영지를 관리하게 하는 한편 신하가 주군에게 충성을 다한다는 주종관계는 상호 계약에 의해 맺어졌다. 만일 한쪽이 이 의무를 이행하지 않으면 주종계약은 파기되었다. 또 하나님과의 관계와 사회생활도 일종의 계약에 의해 성립되었으며, 전설상의 파우스트마저도 악마와 계약을 한다. 이런 계약들의 바탕에는 법, 금기(禁忌), 제재, 권위, 그리고 절대적인 것이 전제되어 있다.

계약에서 가장 간단한 방법은 언약, 즉 구두 약속이다. 또 몸짓으로 계약하기도 했다. 이를테면 엄지손가락과 집게손가락으로 만든 원은 고대 그리스 시대부터 양해를 나타내는 표시였는데, 이

〈그림 45〉 악수에 의한 결혼 성립(14세기)

는 오늘에 이르기까지 이어지고 있다. 서로 손을 꽉 쥐는 동작도 계약의 증표가 되었다. 결혼반지의 관습이 일반에게 퍼지기 전에는 결혼식 때 사제를 사이에 두고 신랑신부가 서로 악수를 했다(그림 45). 이것이 중세에는 결혼 성립을 의미했으며, 이밖에 손을 사용해서 서로 양해했다는 표시를 하는 동작이 여러 가지 있었다.

　그러나 계약 때 아무 증거가 없으면 계약의 유효성에 불안감을 느끼게 되는 것이 일반적이다. 이런 경우 현대에 와서는 계약서를 주고받지만, 읽고 쓰기를 못하는 사람이 많았던 시대에는 증인을 세우거나 검 등의 무기 또는 하나님 앞에서 계약을 했다. 그러나 그렇게 해도 확실하다고 할 수 없었기 때문에 인장, 장갑, 망토, 흙덩이 등 여러 가지 증거물이 이용되었고, 또한 담보물도 취했다. 그것은 현금이나 재산, 또는 명예거나 경우에 따라서는 목숨과 바꾸는 일도 있었다.

고대 로마에서는 기원 전부터 계약하는 일을 둘러싼 약속이 정해져 있었는데 이는 계약이 생활에 있어서 필요불가결하며 또한 중요한 것임을 말해주는 것이다. 계약의 증거물 중 하나인 반지는 이미 살펴본 바와 같이 특히 약혼이나 결혼 때 사용되었는데 이는 말할 것도 없이 그 둥근 고리의 이미지가 남녀의 결합을 상징하는 것이었기 때문이다. 기독교 이전 시대에는 산 제물의 피를 뿌린 약혼반지의 예도 있는 등 약혼이라는 계약이 신성 불가침한 것이었음을 보여주고 있다.

그러나 계약에는 당연히 구속력이 따른다. 반지의 구속력에 의해 생기는 주문의 힘은 그리스 신화에 나오는 프로메테우스 이야기에서 잘 알 수 있다. 티탄족인 프로메테우스는 인간에게 불을 주었다는 이유로 제우스(그리스 신화의 최고신)의 노여움을 사서 쇠사슬에 결박된 채 카우카소스 산에 묶인다. 그곳에 독수리가 매일 날아와 그의 간을 쪼아 먹는데 헤라클레스(그리스 신화에 나오는 영웅)가 독수리를 쫓아내고 그를 구출한다. 그러나 제우스는 프로메테우스를 절대로 풀어주지 못하겠다고 지옥의 강인 스튜크스의 이름을 걸고 맹세하고는… 프로메테우스에게 쇠사슬과 바위로 만든 반지를 상징적으로 항상 손가락에 끼고 있도록 명령했다. 이것이 세계 최초의 반지로 알려져 있으며, 프로메테우스의 반지에 박아넣은 바위는 인장 반지의 근원으로 주목받고 있는데, 바로 여기에 반지가 지니는 맹세의 의미와 그 구속력이 상징적으로 나타나 있다.

그런데 '성경'에도 "하나님이 합치신 것을 사람이 갈라놓아서

〈그림 46〉 하나님의 손에 의한 결혼 성립(1661년)

는 안된다"라는 기록이 있다. 이는 결혼의 정당화와 이혼을 금지
하는 최대의 근거가 되어 있다. 결혼반지는 기독교의 가르침을 구
체적으로 상징화한 것이며 반지의 교환도 하나님의 의지에 따른
것이었다(그림 46). 하나님에 의해 맺어진 자가 서로 갈라진다는
것이 얼마나 어려운 일인가 하는 사례는 카알 대제와 아내가 끼었
던 반지가 말해주고 있다. 그러므로 하나님의 가르침이 엄격할수
록 거꾸로 결혼이라는 계약을 맺는 일에 주저하게 되기도 한다. 또
결혼생활에는 여러 가지 제약도 따르기 마련이다. 예컨대 반지로
상징되는 결혼에 관해 이미 피타고라스는 다음과 같이 경고한 바
있다.

인간이 보잘것없는 반지를 끼게 되면 그는 그 날부터 어리석은 짓을 한 바보가 되어 버린다. 왜냐하면 그는 자기 손으로 자기를 묶어놓게 된 때문이다.

그는 행복을 구하려다가 자유를 잃고 예속되는 몸이 된다. 현자(賢者)는 이런 짓을 절대로 하지 않는다. 현자는 항상 의연한 태도를 보이면서 예속 상태가 되지 않으려고 조심한다.

피타고라스는 반지에 의한 결혼의 구속력을, 자유를 뺏는 것으로 인식하고 경종을 울리고 있다. 그러고보면 결혼생활을 최고의 행복으로 느끼는 사람이 있는 반면, 예속되는 것이라고까지는 말하지 않더라도 자유가 구속되는 것이라고 생각하는 사람도 있었다. 이는 오늘날에도 설득력이 있는 영원한 과제이다. 구속되지 않는 삶을 소원하는 사람들을 위한 격언도 있다. "꼭 끼는 반지를 끼어서는 안된다." 교훈적인 말이라고 하겠다.

그런데 결혼생활에서 부정을 방지하는 역할을 하는 것으로 도덕이라든가 종교, 법률 등이 있다. 이는 눈에 보이지 않는 정신적인 계율인데 이에 반해 눈에 보이는 표상으로는 반지를 들 수 있다. 즉 일상생활을 하면서 자기 손가락을 바라보면 손가락에 끼워진 반지가 '바람을 피워서는 안된다' 라고 경고하는 것 같은 효과를 가져온다. 그런가 하면 반지는 또 자신이 만나고 있는 사람이 결혼한 사람인지 아닌지를 알게 하는 판단자료가 되기도 한다. 이

역시 반지가 지닌 구속력의 일종이라고 할 수 있다. 그러나 억제력
이 그다지 강력한 것은 아니다. 바람을 피우려는 사람은 결혼반지
를 미리 빼고 행동하기 때문이다.

그러므로 유럽에서는 물리적으로 상대를 구속하려 했다. 예컨
대 러브 링은 남성이 여성에게 반지를 선물할 때 반지를 절대로 빼
지 못하게 전용 드라이버로 고정시킨다. 그야말로 현대판 정조대
라고 할 만하다. 특히 기독교의 금욕 윤리가 지배하던 유럽 사회에
서는 옛날부터 성욕의 컨트롤이 큰 과제였다. 때문에 르네상스 시
대 이후 정조대라는 물리적인 저지방법도 고안되었다. 이같은 사
실에서 정신적 · 상징적인 힘으로는 욕망을 저지할 수 없었던 그들
의 행동원리의 일면을 알 수 있다.

하트 – 사랑의 심벌

약혼 · 결혼반지 또는 우정의 반지에 장식으로 박힌 심벌 중에서 가장 많은 것은 하트이다. 이는 그리스 · 로마 시대 이래 하트가 감정의 근원이며 사랑이나 끊기 어려운 정을 나타냈기 때문이다. 하트에 관해 12세기의 여성이 고백한, 독일에서 가장 오래된 연애편지가 남아 있다.

당신은 나의 것, 나는 당신 거예요.
이건 정말예요.
내 마음속에
당신을 가둬 버렸다구요.
그런데 마음을 여는
열쇠를 잊어버린 거예요.
그러니 당신은 언제까지고

내 속에 있는 거예요.

이 연서에서는 사랑하는 사람에게 보내는 한결같은 여성의 숨결이 행간에서 생생하게 전해져 온다. 결혼하는 남녀가 영원한 사랑을 비는 마음은 옛날부터 변함이 없었다.

그리스 시대에 하트는 장식품에 사용되기도 했으나, 일반적으로 약혼·결혼반지에 하트를 붙이는 관습은 근대에 이르러서였다. 그림 47에서 윗쪽에 인용한 반지는 남독일의 것인데 가장자리를 깔쭉깔쭉하게 만들고 자물쇠를 달아매는 등 아무도 침범할 수 없는 사랑의 세계를 나타내고 있다. 이 반지는 약혼이나 결혼반지로 사용되었는데 이처럼 결혼반지에는 쌍둥이 하트형(型)이 눈에 띈다. 이는 결혼 문장(紋章)과 비슷한 것이라고 할 수 있다. 문장이란 가문을 나타내는 표지이다. 결혼 문장은 16세기경부터 양가의 문장을 나란히 배치하고 그 위에 관이나 모토를 장식하게 되어 있는데, 이런

〈그림 47〉 자물쇠 달린 하트형 반지(위), 결혼문장(아래)

관습은 귀족이나 상류계급 사람들 사이에서 유행했다. 그림 47의 아래쪽에 있는 결혼문장과 비교해 볼 때 결혼반지가 이 결혼문장과 매우 유사한 것임을 알 수 있다. 이는 결혼반지와 결혼문장이 상호간에 영향을 주었기 때문이다.

두 개의 하트형 반지의 연장선상에 쌍둥이 반지가 있다(그림 48). 이는 떼었다 붙였다 할 수 있도록 되어 있다. 즉 분리·접합할 수 있도록 되어 있는데 약혼할 때 남녀가 서로 한쪽 반지를 끼고 있다가 약혼기간이 지나 결혼식을 올릴 때 합체되어 하나의 반지가 된다. 이 반지에는 앞서 말한 '하나님이 합쳐주신 것을 사람이 갈라놓아서는 안된다' 라는 성서의 글귀가 새겨지는 경우가 많았다. 헨켈의 '엠블럼' 이라는 책 속에는 쌍둥이에 비유한 '최고의 결혼' 이라는 시가 실려 있다.

〈그림 48〉 쌍둥이반지

결혼을 했다면
쌍둥이처럼 하나 되어
사랑과 자애 속에서 살자
하나로 묶이고자 우리는 태어났다
결혼해서 새 생활하려면
사려 분별 잊지 말아야지

하트가 보여주는 사랑은 현세적인 것이 아니라 하늘에 있는 세계를 나타내는 경우도 있었다. 특히 하트와 예수, 하트와 마리아 상이 그려진 것이 많은데 이는 주로 결혼반지보다도 호신용으로 사용되었다. 즉 기독교와 관련된 이런 종류의 반지에는 특별한 영적인 힘이 깃들어져 있다는 데서 내세의 행복을 바라는 사람들의 사랑을 받았다.

그런데 유럽이나 미국에는 우정의 반지가 널리 유행하고 있다. 생일이나 졸업기념일 등 기회 있을 때마다 우정의 반지를 서로 선물하곤 하는데, 이런 교환이 동양인의 감각으로는 아무래도 이해되기 어려운 것이어서 그런지 동양에서는 아직 일반화되지 않고 있다. 다음은 우정에 관한 시이다(헨켈의 '엠블럼'에서).

끊기 힘든 인연
골디아스의 매듭은
너무나도 단단하구나
순수한 마음 속엔
성실함만이 있다
그래서 우정은 형제 이상으로 두터운 것
왜냐하면 우정은 죽기 전까지 계속되고
상대를 해치지 않고
둘을 하나로 만들기 때문이라

긴밀한 우정을 가리키는 것으로 '골디아스의 매듭' 고사가 인용되고 있는데, 이는 프리기아의 골디아스 왕에 관한 다음과 같은 구전에 따른다. 어느날 왕이 신전에 수레를 헌상했는데, 그 수레의 채를 가죽 끈으로 복잡하게 묶었다. 그런 다음 골디아스 왕은 그 매듭을 푸는 자는 아시아 전체를 지배할 수 있다고 말했다. 많은 사람들이 묶인 매듭을 풀어보려 했지만 아무도 풀지 못했다. 얼마 후 마케도니아의 알렉산더 대왕(전 356~323년)이 원정 도중 골디온에 머물고 있다가 한 칼에 가죽 끈을 잘라내 문제를 해결했다고 한다. 요컨대 '골디아스의 매듭'은 절대로 풀지 못한다는 비유인데, 그것을 하트형 우정의 반지에 비유하기도 했다.

반
지
와
심
벌

뱀의 심벌

유럽의 장식과 부적 구실을 하는 반지에 나타난, 고대로부터 현대에 이르는 모티브를 살펴볼 때 특히 눈에 띄는 것은 뱀이다. 이는 원래 기독교 문화 이전의 뱀신앙에서 유래된 것이다. 고대로부터 세계 각처에서 사람들은 뱀을 생명력, 불사, 풍요의 상징으로 믿어왔다. 뱀에 대한 신앙의 근원은 고대 인도, 동양, 그리고 에트루리아에 있는데, 특히 인도에서는 머리와 꼬리가 이어진 뱀은 '하나님의 링' 으로 불리었다.

이같은 발상은 유럽에서도 볼 수 있다. 쿠녹소스 궁전에서 뱀을 가진 여신상이 발견되었는데, 뱀이 여신의 속성으로 알려지면서 그 생명력이 찬미되었다. 또 헤르메스(그리스 신화에서 올림포스 열두 신 중 하나)의 지팡이

〈그림 49〉 오우로보로스

도 뱀 두 마리가 감고 있는 것이 주제가 되어 있다. 또 오우로보로스라고 불리는, 꼬리를 삼킨 뱀도 있다(그림 49). 이는 이집트의 '세계를 삼키는 뱀'에서 유래한 것인데, 오우로보로스는 지중해 지방에 퍼져 있으며 처음과 끝의 연속, 영원을 의미하는 것으로 알려졌다. 또 바지리스크라고 불리는, 머리가 왕관형으로 생긴 독사가 있는데 프리니우스(23~79년)도 이 뱀에 대해 경고하고 있다. 이처럼 고대로부터 뱀은 그 생명력으로 말미암아 일종의 부적으로서 반지, 목걸이, 팔찌의 주제가 되면서 크게 선호되었다.

그림 50에 인용한 것은 그리스 시대의 금반지이다. 아마도 부적으로 사용된 것으로 추측되는데 아래위로 뱀의 머리가 있고 몸통은 하나로 되어 있다. 이런 종류의 디자인에는 팔찌나 목걸이용도 있다. 고대 로마에는 폼페이 유적에서 많은 뱀 모양의 반지가 출토되었으며, 여기에도 틀림없이 뱀신앙이 있었던 것으로 추측된다. 그밖에 뱀을 새긴 인장 반지도 있다. 그림 51은 머리는 닭이고 두 다리는 뱀인 신의 형상을 새긴 아브락사스 인장 반지이다. 이는 '승리와 아침을 알리는 것'으로서 이 도안의 변화된 모양은 다양하며, 특히 신비주의를 숭상하는 그노시스파(派)가 선호했는데 오늘날에도 사용되기도 한다.

그런데 뱀은 '창세기'에 나오는 아담과 하와의 이야기로도 알 수 있듯이 사악함과 죄를 상징하는 동물이다. 또 죽은 사람을 휘감고 있는 뱀의 그림이 많이 그려졌는데, 이것은 죽음과 지옥을 연결하는 그림으로 이해되어 왔다. 뱀의 부정적인 이미지는, 그같은 이

〈그림 50〉 그리스의 뱀 모양 반지

미지를 부상시킴으로써 기독교가 이교의
잔재를 배제하려 한 것임을 알 수 있다.
그러나 이같은 시도는 성공했다고는 할
수 없다. 왜냐하면 그 후 장식품을 통한
뱀신앙은 변함없이 이어져서 이탈리아로
부터 독일의 라인 지방뿐 아니라 영국에까지
확산되었기 때문이다. 특히 빅토리아 여왕(1819~1901
년)은 약혼반지에 뱀의 모티브를 붙였는데, 이것
이 패션에 큰 영향을 끼쳐 빅토리아조의 시대풍
조가 되었다.

이처럼 기독교에서는 거부당한 뱀이 인간
과 가장 가까운 장식품인 반지, 목걸이, 팔찌
등의 심벌로 계속 이어져왔다는 사실은 매
우 주목할 만한 일이다. 유럽에서 뱀은 그
후에도 계속 장신구에 쓰여졌고, 오늘날에
도 즐겨 사용되고 있다.

〈그림 51〉 아브락사스 인장 반지

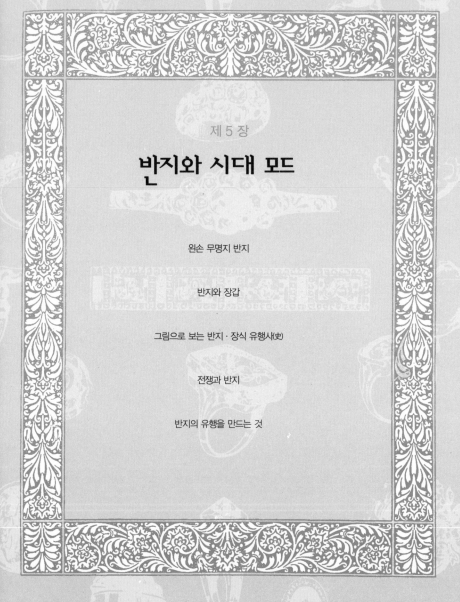

제 5 장

반지와 시대 모드

The real history of ring

왼손 무명지 반지

반지는 대부분의 경우 낀 채 생활하는 것이므로 손이나 손가락의 일부로 간주된다. 손은 물건을 만드는 일뿐 아니라 몸짓에 의해 의사를 전달하는 중요한 역할을 담당해 왔다. 어떤 손가락에 반지를 끼는가 하는 문제는 반지의 목적에 따라 달라지겠지만, 옛날부터 그 위치에 의미가 있는 것으로 여겼다. 현재 반지는 대체로 왼손에 끼는 것으로 되어 있는데 먼저 그 까닭을 손과 손가락의 관계를 통해 생각해 보기로 하겠다.

유럽에서는 오른쪽은 남성, 왼쪽은 여성을 가리키는 것이 통설로 되어 있다. 이는 문장학(紋章學)에서도 마찬가지다. 오른쪽이 왼쪽보다 우위로 꼽히고 있다. 양가의 문장을 합성시킬 때도 신분이 높은 집이 오른쪽에 놓였다. 동물 문장에서 머리를 오른쪽으로 향하고 있는 것이 많은 것도 같은 이유에서다. 또 오른손은 의식을 치를 때 주로 사용되며, 성직자는 이 때문에 반지를 오른손에 끼었다. 또한 오른손은 '정의'를, 왼손은 '악마'라는 의미로 사용되는 경우도 있었다. 이같은 오른손 우위 사고는 남성 중심 사회로부터 생성된 것이라고 할 수 있다.

반지를 끼는 손가락에 관해 워커는 '신화·전승사전'에서 다음과 같이 기술하고 있다.

남자들은 여자의 왼손에 결혼반지를 끼워 주었는데 이는 여자들의 마력을 봉쇄하는 동시에 여자들의 마음을 묶어 놓기 위해서였다. 남자들은 태고적부터 여자의 체내에서는 심장으로부터 왼손 약손가락에 걸쳐 하나의 도관(導管), 즉 혈관이 똑바로 뻗어 있는 것으로 믿고 있었다.

확실히 왼손은 오른손보다 심장에 가까우며 특히 옛날에는 약손가락이 심장(하트)에 이어져 있는 것으로 생각했다. 또 심장 속에 감정의 중심이 있는 것으로 알고 있었다. 따라서 이것이 사랑과 결합된다는 것에서 왼손에 결혼반지를 끼는 관습이 생겼다고 할 수 있다.

그러나 그 바탕에는 결혼반지를 끼게 함으로써 남성이 여성을 지배하려 한 것임을 부정할 수 없다.

결혼반지를 왼손 약손가락에 끼는 관습은 본래 이집트 또는 유대에서 이어져 내려온 것이라고 한다. '프리니우스의 박물지(誌)'

에 고대 로마 시대의 관습이 다음과 같이 기록되어 있다.

> 원래 반지는 약손가락에 끼는 것이 관습이었
> 다. ……그 후 사람들은 그것을 집게손가락에 끼었다. 신들
> 의 형상을 끼는 경우에도 마찬가지였다. 그러다가 사람들
> 은 새끼손가락에도 반지를 끼는 것을 좋아하게 되었다. 갈
> 리아 여러 속주와 브리타니아 여러 섬에서는 가운뎃손가
> 락을 사용했다고 한다. 오늘날 가운뎃손가락은 반지를 끼
> 지 않는 유일한 손가락이고, 그밖의 다른 손가락들은 반지
> 라는 짐을 짊어지고 있다. 그리고 각 손가락 마디에는 나름
> 대로 작은 반지가 끼워져 있다. 갖고 있는 반지를 모두 새
> 끼손가락에만 끼고 있는 사람도 있고, 또 새끼손가락에도
> 반지 하나만 끼고 자신의 인장 반지를 봉인하기 위해 사용
> 하는 사람도 있다. 그 인장 반지는 함부로 사용하면 실례가
> 된다.

이처럼 고대 로마의 프리니우스 시대(기원 1세기경)에는 각기 자기가 좋아하는 대로 반지를 끼고 있었음을 알 수 있다.

유럽에서도 중세 이후 반지를 끼는 손가락은 어디든 상관없었다. 영국의 경우 결혼식 때 반지를 끼는 관습은 13세기로 거슬러 올라가는데, 처음에 오른손 가운뎃손가락에 끼었다가 나중에 왼손 약손가락으로 바뀌었다. 이는 각국이 모두 다르며 그리스 정교

신자의 경우 오른손에 끼었는가 하면, 스페인에서는 왼손에 끼곤
했다. 또 지배자의 반지는 오른손 집게손가락에 끼는 일이 많았다.
이는 오른손 집게손가락이 군대나 민중을 지휘하는 손가락이었기
때문이다.

〈그림 52〉 여성 초상화(크라나하 1543년)

또한 르네상스 시대에는 자
유로운 풍조의 영향 때문인
지, 또는 마귀를 쫓는 의미에
서였는지 반지를 끼는 것이
유행한 적이 있었다. 예컨대
독일의 초상화에는 10개 이상
또는 20개 이상의 반지를 끼
고 있는 예도 있는데, 가운뎃
손가락에만은 전통적으로 끼
고 있지 않았다(그림 52).

그러나 이런 유행도 17세
기 중엽부터 18세기에 이르러서는 차차 스러져서 손가락에 끼는
반지 수는 갑자기 적어진다. 이는 장갑 착용이 크게 영향을 미쳤기
때문으로 생각된다.

또 반지를 엄지손가락에 끼거나 또는 손가락뿐 아니라 끈으로
목에 매다는 경우도 있다. 그런가하면 발가락에 끼고 있었던 예도
있다. 특히 엄지손가락에 끼는 습관은 중세 후기부터 문예부흥기
에 남성 세계에 전파되었다가 17~18세기 초에 걸쳐 일반화하고

있다. 이는 인장 반지와의 관계에서 유래된 것이라고 할 수 있다. 왜냐하면 엄지 손가락에 인장 반지를 끼고 있는 것이 도장을 찍기 쉬웠기 때문이다. 그러나 인장 반지의 습관이 사인하는 것으로 바뀌자 엄지 손가락에 끼는 습관은 줄어들었다.

이상과 같은 혼란이 있었기 때문에 마침내 1614년에 '로마 전례(典禮) 의식서'는 '결혼반지는 장차 왼손에 끼도록 하라'고 정했다. 이것은 결혼반지에 관한 것으로 독일에서는 약혼반지를 왼손 약손가락에 끼고 있다가 결혼식 때 그것을 오른손에 바꿔 끼게 하기도 했다. 또 약혼·결혼반지 외의 장식 반지는 비교적 자유롭게 끼었다.

어쨌든 고대나 중세에 출현한 왼손 약손가락에 약혼·결혼반지를 끼는 관례는 그 후 혼란기를 거치면서 오늘에 이르고 있다. 이는 유럽에서 기독교 전통을 존중하는 정신이 얼마나 뿌리깊은 가를 말해주는 것이다.

그런데 이같은 전통을 받쳐주는 합리적인 근거도 있다고 할 수 있다. 왜냐하면 실생활에서는 오른손잡이가 많으므로 주로 쓰는 오른손에 반지를 끼고 있으면 반지가 거추장스럽게 느껴지고 반지 자체에도 손상을 줄 수 있기 때문이다. 또 손을 움직이다가 실수해서 남에게 상처를 입힐 수도 있다.

이에 비해 왼손 약손가락에 낀 반지는 일상생활에서 아무 방해가 되지 않는 위치에 있다고 할 수 있다. 이같은 현실적인 이유와 전통을 존중하는 정신에 의해 왼손 약손가락에 반지를 끼는 습관이 오늘날까지 존속되고 있는 것같다. 그러나 현대에 있어서 특히 젊은이들은 이같은 전통적인 관례에 구애됨이 없이 자유로이 마음 내키는 손과 손가락에 반지를 끼는 경향이 있다.

반지와 장갑

복장과 액세서리는 밀접한 관계가 있다. 예를 들어 팔찌는 긴 소매 옷에는 거의 끼지 않는다. 옷에 가려 보이지 않기 때문이다. 어쨌든 이것이 액세서리와 의복의 관계의 원점이다. 반지와 장갑의 관계도 마찬가지여서 반지는, 특히 패션으로서의 장갑이 유행하자 점차 끼지 않게 되었다.

장갑은 원래 방한용 외에 작업이나 사냥, 운동 등을 할 때 손을 보호하기 위해 사용했다. 특히 중세에는 기사가 주로 전투용으로 사용했는데, 이같은 실용적인 용도뿐 아니라 장갑을 던지는 것이 전투 신호가 되기도 했다. '장갑을 받는다' 는 것은 '도전을 받아들인다' 는 의미로 해석했다. 또 주군이 주종관계를 맺을 때 서약의 표시로 장갑을 신하에게 하사하는 경우도 있었다. 이런 광경은 특히 '롤랑의 노래' 등 무훈시(武勳詩)에 많이 묘사되어 있으며, 이미 12세기 경부터 이런 관습이 있었음을 알 수 있다. 이와 마찬가지로

〈그림 53〉 각종 장갑

황제도 장갑과 함께 마르크트(시장)의 개최권이라든가 화폐 주조권 등을 하사하고 있다. 이런 것은 장갑이 일종의 권위화된 예였다고 할 수 있다.

한편 기독교 의식에서도 장갑은 중요시되어 주교 이상인 사람이 착용했다. 손은 신성해야 했기 때문에 의식에서는 장갑을 끼게 되어 있었다고 한다. 이때 흰 장갑은 순결을 상징했다. 이 때문에 결혼식에서도 신부가 흰 장갑을 끼게 되었다. 결혼식 장갑은 처음엔 부차적인 것이었다. 그러나 점차 웨딩드레스와 함께 일반화되면서 신부의 순결을 상징하는 것이 되었다. 이같은 습관은 17세기부터 이어져 내려온 것으로 판단되는데, 결혼식에서 신부는 서약을 할 때 오른손에 낀 장갑을 빼고 서약해야 했다.

그림 53은 R · 크라인의 '모드 사전'에 있는 장갑의 일러스트이다. 번호 1은 중세의 기사용 토시(검도할 때 손등이나 팔을 싸는 천)이

〈그림 54〉 야회용 장갑을 낀 여성(19세기)

고, 2는 중세 초기의 성직자용, 3은 12세기의 로마 교황용, 4는 메리 스튜어트의 장갑, 5는 17세기의 부인용, 6은 프로이센의 프리드리히 2세(1713~86년)의 승마용, 7은 18세기의 부인용, 8,9는 19세기 말의 부인용 장갑이다. 장갑은 모양뿐 아니라 자수와 장식이 시대적 특징을 보여주고 있는데, 성직자용은 그리스도의 심벌이 꿰매져 있고, 왕후용은 호화로운 보석을 박아 넣었다.

그런데 반지와 장갑과의 관계는 특히 상류계급 여성의 초상화를 보면 시대적 경향을 잘 알 수 있다. 유럽의 초상화를 보면 16세기부터 17세기 초에 여성은 한 개뿐 아니라 여러 개의 반지를 끼고 있는데, 이는 르네상스의 자유로운 풍조의 영향이라고 생각된다.

이에 비하면 17~18세기의 초상화에서는 장갑을 끼고 있는 여성은 많아지고 반지를 끼고 있는 여성은 비교적 적어진다. 그 까닭은 바로크(17세기에 유럽에서 유행한 예술 양식), 로코코(18세기 프랑스에서 유행한 미술·건축의 장식 모양) 시대의 장식적인 시대풍조의 영

반 지 와 시 대 모 드

향을 받아 여성이 장갑을 좋아했기 때문이다. 특히 스페인이나 이탈리아로부터 장갑에 향수를 뿌리는 풍습이 프랑스를 비롯한 중부 유럽으로 유입되었다. 또 장갑을 벗을 때의 여성의 우아한 동작은 남성들의 호감을 샀다.

18~19세기가 되자 팔까지 닿는 긴 장갑을 끼게 되었다. 이는 그림 54에서 볼 수 있듯이 여성이 정장을 할 때 짧은 소매의 드레스를 입었기 때문이다. 이런 차림으로 상류계급 여성들은 야회 파티에 갔는데 장갑을 낄 때 장식 반지가 거추장스러운 것이었음은 말할 나위도 없다. 반지 대신 장갑의 자수라든가 장식 모양이 멋을 내는 데 포인트가 되었다. 또한 이 시대에는 남성용 장갑이 쇠퇴했다가 19세기 후반부터 20세기 초에 다시 유행했다. 다시 유행하게 된 까닭은 확실히 알 수 없으나 아마도 비더 마이어 시대의 풍조와 관계된 것같다.

〈그림 55〉 장갑 위에 낀 반지

그런데 장갑이 반지를 완전히 따돌린 것은 아니었다. 반지의 매력이 그만큼 컸다고나 할까. 여성들은 반지를 낄 때 거추장스럽지 않게 하려고 단순한 모양의 반지를 끼는 일이 많았고, 또 장갑 위로 반지를 끼기도 했다(그림 55). 이는 장갑 문화와 반지 문화가 융합된 사례라고 할 수 있는데 아마도 주교 반지의 관습에서 고안된 것으로 보인다. 즉 교회 의식에서 주교 또는 그를 대신하는 사람이 장갑 위에 반지를 끼고 있었기 때문이다. 이런 종류의 주교 반지는 보통 반지보다 크게 만들어져 있는데 그런 반지를 낀 모습은 그림 56에서 볼 수 있다. 기독교에서 반지와 지팡이는 권위의 상징으로서 의식에는 필수 불가결한 것이므로 장갑을 끼더라도 지팡이는 한 세트로 언제나 함께 사용되었다.

〈그림 56〉 장갑 위에 낀 주교 반지

그림으로 보는 반지 · 장식 유행사(史)

반지라는 한정된 형태만을 가지고 시대적인 유행을 특징짓기 어려운 경우도 있다. 그러나 작은 반지이지만 유럽의 시대적 모드를 반영한 것도 상당수 있다. 그러므로 가능한 범위 내에서 반지의 시대적인 특징을 장식품과 함께 역사순으로 그림으로 나타내 보겠다. 여기 인용한 그림은 주로 R · 류크린의 '장신구 책'에 실려있는 모드 약사(略史)의 일부이다.

먼저 고대 이집트의 장식 심벌에서 독수리는 왕자를 수호하는 새로 숭상받아 왔다. 이는 그림 57에서 중앙부에 있는 목걸이에 크게 그려져 있다(번호 5).

또 이집트의 특징적인 심벌은 이미 제 1장에서 언급한 스카라브이다. 이 그림에서 스카라브는 아래쪽 목걸이에 날개를 펼친 모양으로 매달려 있다(번호 7). 이윽고 스카라브는 그리스에도 전파되어 유럽의 장식에도 영향을 끼치게 된다.

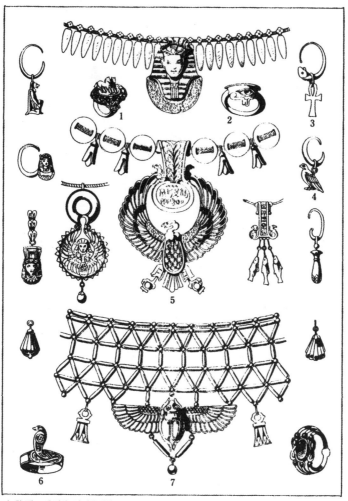

<기림 57> 고대 이집트의 각종 장식

다음으로는 이집트의 고대 반지와 장신구의 모티브로서 말과
물의 통치자인 돌고래, 독수리, 뱀(번호 1,3,4,6) 등이 눈에 띄는데,
특히 눈에 띄는 것은 눈을 심벌화한 점이다(번호 2). 이집트에서는,
눈은 태양신 호루스의 심벌이며, 한쪽 눈으로 그려져 있다. 다른
한쪽 눈은 신들의 지배자 세토와의 싸움에서 잃었기 때문이다. 눈
의 심벌은 수호신으로 존경받았고, 당연히 부적 반지에도 도입되
었다. 아이새도우의 기원도 마귀를 쫓는다는 이 부적에서 연유되
었다고 한다.

고대 로마시대의 반지와 장식(그림 58)은 금은 세공에 뛰어난 솜
씨를 보인 선주(先住) 민족인 에트루리아인의 영향을 강하게 받았
다. 그러나 공화정기(共和政期)에는 금은 장식품은 비교적 적고 오
히려 형상을 새겨 넣은 보석이 달린 반지 또는 유리나 법랑이 붙은
반지가 눈에 띈다. '브리니우스의 박물지'에도 당시 사용되었던
각종 보석에 대한 분석이 실려 있으며, 이런 것으로 미루어보더라
도 사람들이 보석에 크게 관심을 가졌음을 알 수 있다. 번호 4의
반지는 아우구스투스 황제의 반지라고 하는데 권위의 상징이었
다. 또 이 시대에는 초상이 달린 카메오(대리석 등에 돋을새김을 한
장신구)도 있었다. 제정기에는 반지 공방(工房)이 있어 전문적인 장
인이 공방에서 일했다. 귀걸이는 로마시대에 보석이나 진주 등을
늘어뜨리는 스타일이 유행했고, S형 연결용 금속이 많다(번호
1,2,3).

유럽 북방에서는 선사 철기문화(先史鐵器文化)인 라테느 문화가

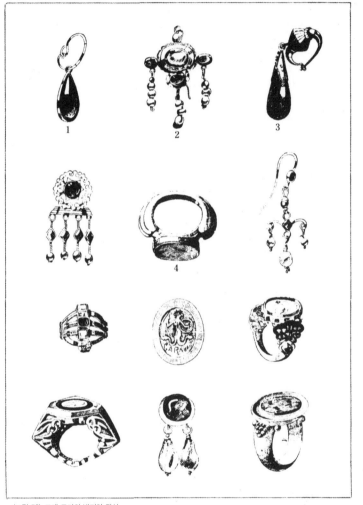

〈그림 58〉 고대 로마의 반지와 장식

반 지 와 시 대 모 드

생성되었다. 이 문화는 이윽고 켈트 문화와 합쳐져 금, 은, 청동 등을 사용한 독특한 장식문화를 만들어냈다(그림 59). 이 무늬의 특징은 원(圓)에서 구(球)로 변화한 것에 있다. 그와 동시에 고리로 변용한 것과 소용돌이치는 형상을 볼 수 있으며, 오늘날에도 눈길을 끄는 목걸이와 팔찌 등 장식품이 남겨져 있다.

그림 59에 있는 번호 4의 소용돌이 무늬가 달린 것은 팔찌이다. 또 반지에 관해서는 이미 그림 42에 보여준 것처럼 철사를 사용한 코일 모양의 단순한 것에서 소용돌이 무늬의 복잡한 것까지 많은 변화가 있었음을 알 수 있다(번호 1,2,3).

이 소용돌이 무늬의 특징은 안쪽으로 말려든 것 같은 모양에 의해 구의 중심으로 에너지를 집약, 생명력을 응축시키고 있는 것으로 보인다는 점이다. 바로 여기에 켈트족의 저주와 관련된 세계관이 담겨 있다.

다음으로 고딕 양식은 12세기 중엽에 프랑스에서 시작되었는데 영국에서는 12세기 후반부터, 독일에서는 13세기 전반부터 시작된다. 이는 고딕 건축에서 흔히 보게 되는 화려한 예술양식이지만, 장식품은 전반적으로 검소하다. 왜냐하면, 초기에 교회가 장식품을 부도덕하고 퇴폐적인 것이라고 공격했기 때문이다. 예를 들면 중세시대의 귀걸이는 일부 상류계급 사람들을 제외하고는, 당시의 시대풍조와, 여성이 두건을 쓴 때문인지 별로 사용하지 않았다. 그래도 종교적인 마리아 모티브, 열쇠, 또는 기사문화의 사랑의 모티브 등을 장식예술 속에서 볼 수 있다.

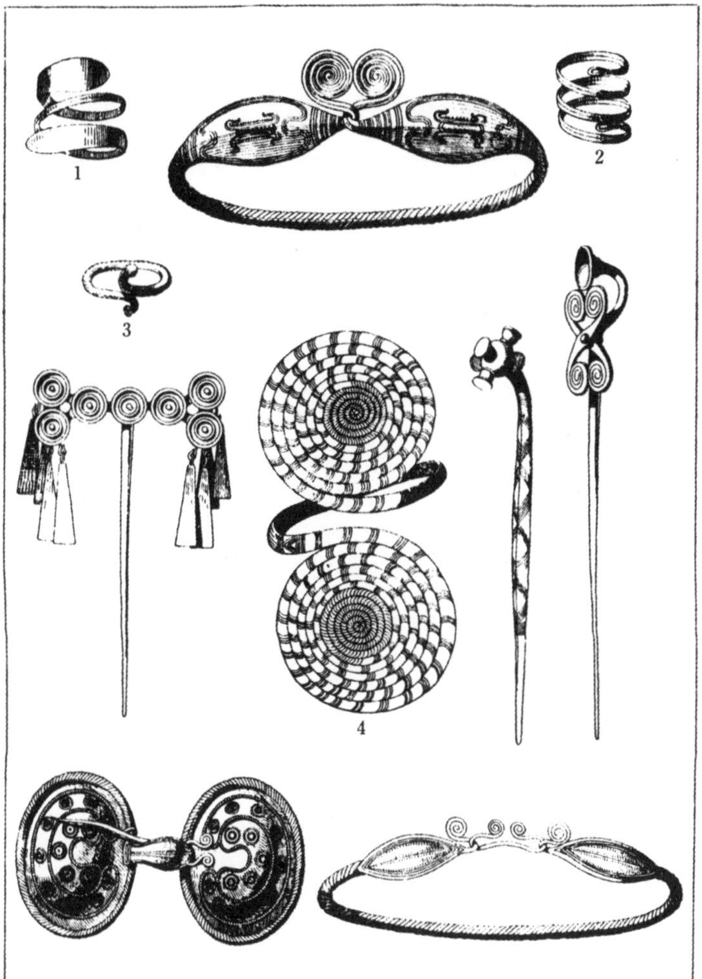

〈그림 59〉 고대 북방(켈트)의 장식품

고딕 시대에는 반지도 별로 많이 남아있지 않지만 반지의 걸쇠를 떠받치는 동물의 머리 무늬가 고딕의 특징을 보여주는 하나의 양식이라고 할 수 있다(그림 60, 번호 1). 이런 종류의 동물은 중세의 교회 입구에도 놓여 있었는데, 마귀를 쫓았던 것으로 해석된다. 그러므로 반지를 떠받치듯 배치된 두 개의 머리 부분도 같은 의미가 담겨 있는 것으로 보인다. 또 고딕시대부터 사용되기 시작한 교황과 주교의 반지는 특기할 만한 것으로서 이는 이미 설명했듯이 루비나 사파이어가 박혀 있었다. 그림 60의 번호 4는 추기경의 반지로 구리에 도금을 한 훌륭한 반지이다.

종교적인 반지와 관련된 것에는 이 시대의 순례 반지를 빼놓을 수 없다. 이미 설명했듯이 순례하러 갈 때 사람들은 순례지의 이름이나 그 도시의 문장, 그리고 성자의 초상 등을 반지에 새겼다고 한다. 순례 반지는 각국을 순례할 때 통행증 역할도 했다. 번호 3은 반지는 아니지만 순례와 관련된 가리비의 심벌 장식이다. 이는 어느 순례지에서 조가비를 선물받은 데서 유래한다. 또 페스트 예방용으로는 반지에 계시록 등의 글귀를 새긴 것도 있다. 번호 2는 모자 장식인데, 이탈리아, 프랑스의 고딕 특징인 장미창의 스테인드 글라스(무늬·그림이 있는 판유리)의 이미지와 겹치고 있다.

덧붙여 말한다면 남방 고딕은 원형의 한가운데에 신을 모시고 그 주위에 작은 원을 배치하는 양식이 많다.

르네상스는 이탈리아에서 시작되어 14세기에서 16세기에 걸쳐 유럽을 풍미한 예술조류이지만, 이는 중세적인 구속으로부터 인

〈그림 60〉 고딕시대의 장식품

간을 해방시켜 자유로운 예술 창조를 지향하는 동시에 그리스·로마의 고전시대 학문과 예술을 재평가했다. 르네상스 시대의 반지는 그 시대정신의 영향을 받아 다양하지만, 특히 그리스·로마시대에 조각한 상과 얼굴의 모티브가 눈에 띈다(그림 61, 번호 1, 2, 4, 5, 6). 또한 반지의 장식이 완만한 곡선을 그리고 있으면서 에나멜을 칠한 것이 비교적 많다.

이 시대는 또 문장의 최전성기여서 왕족과 귀족은 이것을 권위의 상징으로 반지에도 새겨 넣었다. 그림에서 번호 3, 6, 7이 그 예로서 백합 문장도 볼 수 있다. 9는 카니발용 가면을 일러스트한 형상을 붙이고 있다.

반지 문화사에서 특기할 만한 것은 르네상스 시대에는 장신구를 만드는 장인의 배후에 후원자가 있어서 그들이 예술성 뛰어난 장신구를 만들었다는 것이다. 또 르네상스 시대 이후에는 반지의 견본 카탈로그가 출판되기도 했다. 이는 반지의 수요와 그에 따른 길드(중세 유럽에서 기술의 독점을 위해 조직된 동업자의 자치 단체)의 발달을 말해 주는 것으로서 이 견본에 의해 같은 종류의 반지가 많이 만들어지게 되었다. 그 결과 반지가 왕족이나 귀족이라든가 부자들만의 소유가 아니라 대중화하기 시작했다.

르네상스에 이어 바로크는 17세기부터 18세기 중엽에 걸쳐 이탈리아에서 시작되었고, 특히 프랑스를 중심으로 유행했다. 바로크는 17세기 유럽에서 유행한 예술양식이다. 추상적으로 표현하면 바로크는 '화려' '웅장' '중후' '동적'인 이미지와 결부시킬 수

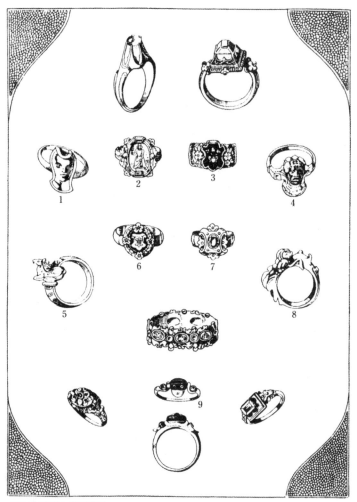

〈그림 61〉 르네상스 시대의 반지

있을 것이다. 절대주의 시대에는 바로크 양식이 보다 아름답고 섬세하게 되어 로코코(18세기 프랑스에서 유행한 미술·건축의 장식 모양)양식으로 변용됐다고 한다. 작은 반지의 형상이나, 끼워 넣어진 보석에 의해 바로크와 로코코를 구별하기란 어려운 일이겠지만 그림 62에는 18세기의 반지를 인용해 보았다. 번호 2, 3은 터키석(石)이 달린 반지인데 모양이 섬세하기 때문에 로코코 양식을 보여주는 것이라고 할 수 있다. 그림의 번호 7과 8은 루이 15세(1710~74년)의 반지인데 왕의 애첩 퐁파듈 부인(1721~64년)의 초상화가 새겨져 있다. 그녀는 낭비가 심했으며 정치에도 개입하는 등 물의를 일으킨 여성이었다.

르네상스 시대부터 바로크 시대에 걸쳐 이미 시계 달린 반지 등도 만들어졌는데, 이는 앞서 설명한 인장 반지와 열쇠 달린 반지의 연장선상에 놓이게 된다.

그런데 시계 달린 반지는 문화사적으로 시간과도 관계가 있는 등 중요한 것이므로 살펴보기로 하겠다. 중세 사람들은 교회 종소리로 시간을 알고 생활해 왔다. 그러나 근세에는 개인적으로 시간을 확인하고 싶다는 욕구에서 시계 달린 반지가 만들어졌다. 그래서 초기에 만들어진 것이 해시계이다. 번호 9에 인용한 반지는 덮개식 반지의 일종인데, 덮개 면에 인장으로서의 문장이 새겨져 있고, 덮개를 열면 컴퍼스가 달린 해시계로 사용된다. 이밖에 번호 1, 4, 5와 같이 많은 보석을 넣은 반지와 번호 6과 같은, 손으로 반지를 감싼 디자인 등이 나타났다.

〈그림 62〉 18세기의 반지

반
지
와

시
대

모
드

〈그림 63〉 고대 로마풍 카메오 반지
(1800~20년)

프랑스 혁명 이래 나폴레옹 시대에는 특징이 있는 고대 양식이 유행했다. 즉 나폴레옹은 이탈리아와 이집트에 원정, 그의 대외 진공정책(進攻政策)에 따라 로마시대나 고대 이집트에 대한 관심을 불러일으켰다. 한 가지 예로 이 시대의 돋을새김 황금반지를 들 수 있는데(그림 63), 이것으로도 고대 로마 취미의 일단을 엿볼 수 있다.

나폴레옹은 1804년 12월 2일에 대관식을 올렸는데, 미리 대관식용으로 금제 왕관을 제작하게 했다(그림 64 위). 이는 카알 대제의 왕관을 그대로 재현시킨 것으로서, 왕관 꼭대기에 십자가를 배치하고 돋을새김으로 장식한 고풍스런 모양의 왕관이다. 그런데 나폴레옹은 대관식에서 이 왕관을 쓰지 않고 고대 로마의 시저를 본따 월계수 왕관으로 갑자기 바꾸었다(그림 64 아래). 이 월계수 왕관이 나폴레옹의 대관식 그림에 그려져 있다는 것은 널리 알려진 사실이다. 그러면 변경 이유는 무엇일까. 아마도 시저의 왕관이 프랑스 혁명 후의 시대에 알맞은 것으로 생각했기 때문일 것이다. 혁명의 본래 의미를 알고 있는 사람들이 볼 때 대관식은 구체제에의 복귀를 의미하는 것이기 때문이다. 예를 들면 교향곡 제3번 '영웅'을 바친 베토벤(1770~1827년)이 나폴레옹이 변절한 데 대해 격노했다는 에피소드가 말해주듯 그의 태도에 반발한 사람도 있었던 것은 사실이다. 사용되지 않은 카알 대제의 왕관은 현재 루브르 박물관에 보관되어 있다.

나폴레옹에 얽힌 반지 에피소드는 여러 가지가 있는데, 엘바 섬에서 탈출할 때 도와준 프랑스 장교에게 준 반지가 남아 있다. 이 반지에는 나폴레옹의 작은 초상화를 새긴 메달이 달려 있으며, 개폐식

〈그림 64〉 환상의 나폴레옹 대관식용 왕관(위), 나폴레옹의 월계수 왕관(아래)

덮개 위에는 세 개의 꽃으로 왕관을 에워싼 그림이 그려져 있다. 또 초상화를 넣은 반지를 선물하는 관습은 당시 유럽에서 유행하고 있던 것으로서 왕족이나 귀족 사회에서 성행했다.

가장 흥미있는 것은 나폴레옹의 관에서 나온 반지이다. 그는 세인트 헬레나 섬에서 1812년에 죽었는데, '매직(마법) 반지'가 관 속에 부장품으로 매장되어 있었다(그림 65, 번호 1). 이 반지는 보통 반지의 덮개가 닫혀진 상태로 사용된다. 그러나 그림처럼 덮개를 열면 나폴레옹의 상이 튀어나오는 장치가 되어 있다. 절해의 고도에 유폐된 나폴레옹의 재기에 대한 꿈이 반지 속에 담겨 있었다고나 할까. 반지에는 나폴레옹 문장의 심벌인 독수리가 새겨져 있었다. 물론 이 독수리는 문장학에서 말하는 좌향(左向)의 특징이 있는 독수리이다.

〈그림 65〉 나폴레옹 시대의 장식품

전쟁과 반지

전쟁은 많은 살육을 동반하며 돌이킬 수 없는 참화를 가져오는데, 반지의 문화사에서도 전쟁과의 접점을 보게 된다.

고대 로마나 중세에 반지가 전쟁터에 나가는 병사들의 부적으로서 무사함을 기원하는 가족이나 연인들로부터 보내졌다는 얘기는 이미 설명한 바 있다.

지난날 사냥이나 전쟁터에서 말은 가장 중요한 동물이었기 때문에 말의 편자가 행운을 가져오는 한편 불행으로부터 몸을 지키는 심벌로 알려져 있었다. 이 편자 신앙은 예로부터 있어 왔는데 기마민족의 풍습을 말해 주는 흔적으로 보여진다.

어쨌든 17세기경부터 편자 못으로 펜던트나 반지를 만드는 기묘한 습관이 있었음을 알 수 있다. 이는 앞서 말한 편자 신앙과 고대로부터 이어진 못(바늘) 신앙이 혼합된 것이라고 할 수 있는데, 남성뿐 아니라 여성이 이 부적을 몸에 지니고 기도하면 남성을 자기 뜻대로 다룰 수 있다고 알려져 있었다. 그래서 편자못 반지는 장식이라기보다는 오히려 전쟁터에 나가는 남편이나 연인의 무사함을 기원하는 부적으로서 중히 여겨졌고, 금세기까지도 이 관습이 남아 있었다.

  이같은 편자못 반지가 붐을 이룬 시대가 있었다. 제 1차 세계대전 초기의 일이다. 전쟁은 1914년 7월 28일에 오스트리아와 헝가리가 세르비아에 선전포고를 함으로써 시작되었는데 오스트리아의 귀금속업계는 전쟁으로 말미암아 그 수요가 없어지자, 이런 어려운 상황을 타개하기 위해 노동조합과 국가가 그들을 지원, 행운을 가져다주는 편자못 반지를 제작하게 되었다. 노동조합원이 반지를 모아 그것을 귀금속업계의 우두머리에게 건네면 그 우두머리는 반지들을 다시 편자못 반지로 개조하고, 그러면 그 편자못 반지를 국가가 선두에 나서서 대대적으로 팔았던 것이다. 그리하여 장인들에겐 일감이 주어지고 국가에는 전쟁 수행을 위한 돈이 들어오는 등의 일거 양득 효과를 가져오게 되었다. 비엔나의 '노동자 신문'(1914년 11월 10일)에 다음과 같은 기사가 실려 있다.

        긴급한 작업으로 모든 보석상에 입수된 반지로 만들어지는 편자못 반지가 제작되었다. 이 반지는 대량 생산 후 국방성 후생국에서 판매 처리하게 되는 등 법적으로 보장된다. 반지의(우두머리에의) 지급과 배분은 주로 조합원에 의해 처리된다. 노동조합은 다만 이 반지를 배분받은 각 우두머리들이 자기 휘하에 장인 몇 명씩을 고용하도록 영향력을 행사하는 일에만 주력한다. 그와 동시에 노동조합의 요청에 따라 반지 제작에 대한 최저 임금이 결정되었다. 보석·귀금속 업계 전문지의 보고에 의하면 9월 20일부터 10월 24일까지 약 6만 5381개의 반지가 150명의 우두머리에게 배분되어 그 중 4만 9331개가 완성되면서 정부에 넘겨졌다. 그리고 후생국에서 3만 5310개가 판매되었다. 앞서 말한 우두머리 150명의 공방에서는 약 130명의 장인이 일하고 있다.

제 1차 세계대전 당시 편자못 반지에는 '전쟁터에서 행운을! 1914년'이라고 새겨져 있었다. 이는 전쟁터에 출정하는 병사들이 몸에 지닌 것이다.

마찬가지로 오스트리아에서는 제 1차 세계대전 중에 국민에게 '조국을 위하여 금을!' 하고 호소했다. 전쟁 수행을 위해 귀금속을 국가에 바치게 한 것이다. 이같은 호소는 학교 또는 군관계 교육시설에서 실시했는데, 국수주의를 부추겨서 큰 효과를 발휘했다. 이렇게 해서 정부는 학생들을 통해 가정에 보관되어 있는 귀금속을 학교로 모았다.

이때 3크로네(노르웨이·덴마크의 화폐 단위) 이상 가치 있는 것을 공출한 사람에게는 철제 기념반지를, 또 10그램 이상의 금을 바친 사람에게는 기념증서를 교부했다(그림 66). 증서에는 '대전 중에 루트비히 로트는 15크로네의 가치 있는 순금을 조국을 위해 바쳤다' 라고 기재되어 있다. 또 쌍두(雙頭)의 독수리 문장 아래에 '나는 비록 무기를 들 수 없어도 적을 물리쳐 승리하도록 아낌없이 도왔노라!' 라는 글귀가 새겨진 것을 볼 수 있다.

〈그림 66〉 반지 · 귀금속 공출 증서

제 1차 세계대전 중 독일군 병사들도 마찬가지로 룬 문자를 새겨 넣은 반지를 부적으로 사용하고 있었다. 이는 고대로부터 이어져 내려온 관습이었다. 죽음과 이웃하면서 지푸라기라도 잡으려는 심정으로 이 반지를 끼고 있었을 것이다.

그런데 전쟁 중 포로가 수용소에서 품과 시간을 들여 반지를 만든 기록도 남아 있다. 재료는 쉽게 구할 수 있는 철사나 작업하다 남은 재료, 그리고 말털 등이었다. 이는 병사들이 서로 교환하는 물품인 데다 판매품이기도 했기 때문에 그들은 약간의 돈을 벌 수 있었다. 그림 67은 러시아의 포로가 말털로 만든 반지인데 속에는 붉은색과 흰색

〈그림 67〉 말털로 만든 반지

반
지
와

시
대

모
드

의 유리 구슬이 박혀 있다.

이와 같은 전쟁과 반지를 둘러싼 에피소드는 유럽에서 반지가
생활 깊숙이 스며들어 침투되어 있었음을 말해준다.

반지의 유행을 만드는 것

원래 액세서리는 동물 몸의 눈에 띄는 모양, 모습 등과 상관관계가 있다고 하는데, 이런 것들과 비교하면 장식의 본질적인 특질이 떠오를 것이다. 예컨대 B·루드프스키는 '보기 흉한 인체'에서 이렇게 쓰고 있다.

> 동물의 세계에서는 수컷이 자기 몸뚱이를 꾸미면서 암컷을 매혹시키려 한다. 암컷은 수컷의 힘이나 적극성 따위에 끌리기보다 오히려 그 외관에 끌린다. 인간사회에서는 이와 반대로 몸을 꾸미는 쪽은 여성이다. 먼저 여성은 아름다운 겉모습으로 남성을 유혹한다. 동물들은 커다란 새털 장식 등으로 이성을 유혹하는데 인간의 경우 여성은 인공적인 장식물로 남성의 마음을 흔들려고 한다. 남자를 멀리 달아나지 못하게 하려고 여성은 의복을 갈아입고 여러

가지 색과 모양으로 꾸며서 끊임없이 남성을 자극한다. 전
통적인 남성과 여성 사이의 투쟁에서는 의복과 액세서리가
여성의 무기였다.

동물의 경우 암컷보다 수컷이 두드러진다는 것은 재미있는 현
상이지만 인간의 경우 일찍이 여성의 위치가 사회적으로 취약한
존재였던 만큼 남녀의 역전 현상이 생겨나게 된 것이라고 하겠다.
여성은 몸을 꾸미는 것으로 자기 존재를 나타내려 했다.

오랜 옛날부터 여성은 외출할 때 화장을 하거나, 의복 또는 액
세서리로 치장했는데 그것은 자신을 아름답게 꾸며서 남성의 마
음을 끌기 위해서였다. 권위를 나타내는 반지는 별도로 하고, 장
식용 반지의 경우 그 대부분은 여성용이며 여성의 손가락을 장식
하는 소도구였다. 확실히 반지를 낄 때도 그 바탕에는 남성을 의
식하는 성적인 측면이 있었다고 할 수 있다. 특히 결혼반지는 미
혼, 기혼 상태를 가리키는 것으로서 성과 밀접하게 관련된 것이었
기 때문이다.

그런데 장식에 있어서의 성의 문제는 이제 사회적인 풍조에 의
해 크게 달라지고 있다. 유럽에서는 최근에 남성이 '주부(主夫)'로
서 가정에 들어앉아 가사와 육아를 맡고 대신 여성이 밖에서 일하
는 경우도 이제 이상한 눈으로 보지 않게 되었다. 또 여성의 사회
진출도 당연한 일로 여기게 되었고 이른바 '레스'(레즈비언의 준말
: 여성의 동성애)라든가 '게이'(남색가)로 불리는 동성애도 점차 인

정을 받고 있는 추세이다. 이같은 시대의 흐름과 남녀 역할의 전환은 장식 패션에도 크게 영향을 미쳐 옷차림만으로는 남녀 구별을 하기 어렵게 됐다. 최근 들어서는 남성의 여성화, 여성의 남성화가 이슈가 되고 있다.

따라서 현대에는 남녀의 역할뿐 아니라 장식 패션에서도 경계선이 사라지고, 구별이 애매모호해지고 있다. 예컨대 피어스(귓불에 구멍을 내서 하는 귀고리)는 여성뿐 아니라 젊은 남성도 귀, 코, 입술, 혓바닥에까지 하고 있는 모습을 자주 보게 된다. 이처럼 액세서리의 성적 특성이 무너지면서 경계의 흐름이 급속히 진전되어 가고 있다.

반지도 마찬가지다. 결혼반지를 왼손 약손가락에 끼는 관습은 무너지기 시작했고, 또한 여성뿐 아니라 남성도 패션의 일부로서 반지를 끼고 있다. 특히 젊은이들에게서 이런 경향을 볼 수 있는데, 이는 종래의 고정관념에 구애되지 않는, 가치관이 다양해진 증거라 할 수 있다. 이는 유럽적인 개인주의가 동양에도 점차 정착하게 되어 자유로운 패션 풍조를 조장하게 되었기 때문이다. 반지를 다양하게 끼는 것은 타인과 다르게 자신을 연출하려는 자기 주장의 하나로 꼽을 수 있다. 머리를 기발한 색깔로 물들이고 있는 풍조도 같은 맥락이다. 이것이 현대의 '젊은이 문화'를 만들어내는 큰 요인이 되고 있다.

풍습과 습관이 반지 유행에 영향을 끼친 것은 의심할 여지가 없는 사실이다. 이미 확인한 바와 같이 부적으로서의 반지는 인간의 소망을 나타내는 것이기도 했다. 이를테면 반지의 모티브로서의 십자가, 하트, 뱀 등은 신앙이나 풍습과 같은 생활체험에서 생성된 것이다. 그러나 근년에는 부적이 미신이라는 이유에서 퇴색되고 있으며, 종교도 무신론적인 풍조로 말미암아 점차 경시되어 가고 있다. 따라서 부적 구실을 해온 반지의 오랜 전통은 현대에는 점점 쇠퇴해지고, 이와는 반대로 패션으로서의 반지의 기능이 전면에 모습을 드러내게 되었다.

그러나 결혼반지의 풍습은 유일하게도 예외여서 가치관이 다양해진 현대에도 이 풍습만은 남아있다. 일상적인 풍습은 시대와 더불어 변화되지만 이같은 비일상적인 세계의 풍습이 끊임없이 이어지는 것이 세상사이다.

권위나 종교적인 심벌의 경우 왕관, 훈장, 교황관, 지팡이 등과 같이 남성이 몸에 지니는 것이 많은데 이는 반지의 역사에도 해당된다. 권위의 반지, 종교 반지 등도 지난날에는 남성의 정치적 · 종교적인 지배체제를 구체적으로 구현하는 것이었지만 이들도 민주주의적인 시대 속에서 그 권위나 가치가 상실되어 가는 추세에 있다. 그리고보면 액세서리라든가 반지 같은 일견 보잘것없는 소소한 것들이 시대의 흐름이나 동향과 밀접하게 연계되면서 그 시대를 반영하고 있음을 알 수 있다. 따라서 반지의 유행은 사회적인 요인에 의해 생겨난다고 할 수 있다.

반지 문화는 또한 인간 심리나 내면성과 밀접하게 관련되어 있다. 특히 여성들이 보석이 박힌 값비싼 반지를 동경하는 것은 생활에 여유가 생겨서 그런 것은 아니다. 표면적으로는 값비싼 물건을 몸에 지니고 자기 만족에 빠지고 싶은 기분 때문이지만, 가슴 깊은 곳에서는 나이먹어 가는 자신과 비교할 때 영원히 빛을 발하는 보석이 소중한 젊음에 대한 동경으로 연결되기 때문은 아닐까. 갈수록 주름이 늘어가는 손가락을 장식하는 반지는, 죽을 수밖에 없는 인간에 대한 많은 생각들을 반영하는 하나의 아이템이다.

현대의 장신구 관련 회사는 이러한 인간의 심리를 알고 있기 때문인지 교묘한 광고활동을 펼치고 있다. 반지의 유행을 만들어내는 것은 이들 기업이다. 여성들이 장신구에 열광하게 만든 것은 것은 보석회사였다. 예를 들어 세계 대부분의 다이아몬드는 남아프리카 광산에서 나오는데, 이 광산을 좌지우지하는 다이아몬드 자본은 캠페인을 벌여 이터너티 링 신화, 즉 불멸의 반지 신화를 세계에 유포시켰다.

기업의 전략 무기는 광고 미디어이다. TV, 신문 잡지, 패션 쇼 등의 이용은 물론, 광고의 캐치프레이즈가 효과를 발휘했다. '다이아몬드는 사랑의 심벌'이라는 것도 그중 하나다. 그들은 받는 쪽의 심리를 고려, 어필하는 방법을 고안해냈다. 그리하여 대중심리를 파악, 반지의 유행을 창출하고 경쟁의 승자가 되었다.

이상 설명한 바와 같이 시대의 유행은 성, 풍습, 정치, 종교, 사회, 심리, 광고 등 모든 요소가 복합적으로 얽혀 있다. 이처럼 혼란스러운 미궁 속에서 반지의 미래 유행이 탄생되는 것이라고 하겠다.

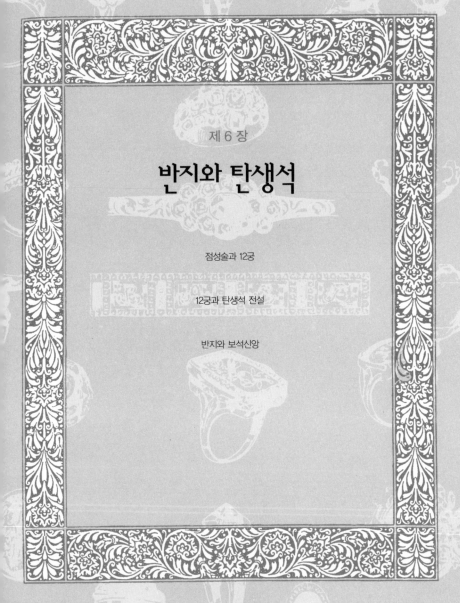

제 6 장

반지와 탄생석

점성술과 12궁

12궁과 탄생석 전설

반지와 보석신앙

The real history of ring

점성술과 12궁

옛날부터 보석에는 신비한 힘이 담겨져 있다고 사람들은 믿어 왔다. 그래서 사람들은 보석 반지를 일종의 부적으로 사용했다. 이같은 효능의 근거로 점성술을 들 수 있는데, 보석과 점성술과의 관계는 멀리 고대 동양이나 이집트에서 그 기원을 찾아볼 수 있다고 한다. 고대의 점성술사들은 번쩍이는 보석과 밤하늘에 빛나는 별에 공통되는 특징이 있다고 믿었으며, 이들 속에 우주의 신비스런 법칙이 내재되어 있다고 확신했다. 그리하여 점성술에서 탄생석(誕生石) 전설이 생겨난 것인데 그중에서도 점성술과 탄생석은 매우 밀접한 관계를 갖고 있다. 그런 의미에서 먼저 유럽에서 점성술을 수용하게 된 역사를 간단히 살펴보기로 하겠다.

바빌로니아(아시아 남서부의 옛 나라), 이집트에서 고대인들은 별의 운행을 관측하면서 날씨와 일식 또는 월식을 예언했다. 또 천체의 운행과 계절의 연중행사를 연결시켜 그 계절을 대표하는 동물로부터 웅장한 점성술 신화가 만들어졌다. 이것이 유명한 양자리, 황소자리, 쌍둥이자리, 게자리, 사자자리, 처녀자리, 천칭자리, 전갈자리, 사수자리, 염소자리, 물병자리, 물고기자리라는 황도십이궁(黃道12宮)의 근원이다. 이때 일년은 이 12궁으로 분할되고 태양은 이곳을 지나간다. 점성술사들은 이같은 천체의 운행으로부터 우주 전체의 섭리를 이끌어냈다. 그들은 이를 바탕으로 국가의 미래도 예언하고, 지배자들은 그에 따라 정치를 펼쳤다.

그 뒤 헬레니즘기(期)에 호로스코프(점성용 황도 십이궁의 그림)가 고안되어 점성술이 개인적인 운명을 예지할 수 있는 것으로 알려졌다. 즉 천체의 법칙과 개인의 탄생일이 밀접하게 관련되어 있는 것으로 믿게 되면서 점성술사들은 이것이 그 사람의 성격과 운명도 규정한다고 생각했다. 이렇게 해서 탄생궁(宮)이라는 사고가 생겨나게 되었고, 또한 그들은 마이크로코스모스(대우주)의 12궁과 미크로코스모스(소우주)의 신체부분 대응관계까지 고안해내었다.

점성술은 그 뒤 초기 기독교 사회에 유입되는데, 성 아우구스티누스(354~430년) 등 교회 지도자들은 점성술은 하나님을 부정하는 이교적인 것이라 해서 배제하려 했다. 왜냐하면 점성술의 예언은 본질적으로 전능하신 하나님의 존재와 모순되는 것이기 때문이다. 그러나 고대로부터 이어져 내려온 점성술에 대한 신앙은 하루아침에 일소되지 않았고, 점성술사들은 점성술에서 숙명론적·결정론적인 요소를 배제, 기독교 교의와 모순되지 않도록 타협점을 찾으며 살아남으려고 애썼다.

〈그림 68〉 12궁과 농사일 캘린더

점성술은 이렇게 해서 중세 사회에서 기독교와 마찰을 빚으면서도 점차 국왕이나 귀족, 성직자들뿐 아니라 일반 서민들에까지 파고들어갔다. 예컨대 농부들도 점성술에 따라 농사를 짓는 일이 많았다. 그림 68은 1162년에 제작된 캘린더이다. 중심 원에는 시간을 담당하는 인격화된 심벌이 그려져 있고, 다음의 중간 원주(圓周)에는 위쪽에서 시계 방향으로 양자리, 황소자리 순으로 물고기자리까지 12성좌(星座)가 그려져 있다.

또 외주원(外周圓)은 위쪽을 춘분의 날(3월 21일)로 정하고, 4분의 1주째를 하지(6월 22일), 2분의 1주째를 추분(9월 23일), 4분의 3주째를 동지(12월 22일)로 정하는 등 12등분되어 있다. 여기에 일년간의 농사일을 표시한 그림이 그려져 있어 이를 기준으로 농민들은 자연의 섭리에 따라 생활했다. 이 캘린더는 글을 모르는 농민들도 쉽게 이해할 수 있도록 만들어진 것이어서 농민들에겐 필수품이 되었다.

다음으로는 프랑스의 베리 후작의 시도서(時禱書)에 있는 유명

반
지
와

탄
생
석

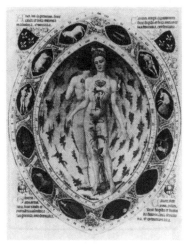

〈그림 69〉 베리 후작의 '시도서(時禱書)'에 있는 12궁

한 12궁 그림을 살펴보기로 하겠다(그림 69, 1416년경). 이 그림에는 위에서 왼쪽 방향으로 양자리에서 물고기자리에 이르는 별자리가 그려져 있고, 중앙부 남녀의 여성상 위쪽으로부터 똑같이 양자리와 물고기자리까지 그려져 있다.

이미 고대 그리스에서 행해진 것과 같이 이는 각기 대응하는 신체 부분을 나타내고 있으며, 머리는 양자리, 어깨는 황소자리, 팔은 쌍둥이자리, 가슴은 게자리, 심장은 사자자리, 소화기는 처녀자리, 신장은 천칭자리, 남성기는 전갈자리, 대퇴부는 사수자리, 무릎은 염소자리, 하지(下肢)는 물병자리, 발은 물고기자리 식으로 되어 있다(그림 70 참조). 그러므로 바깥 둘레를 둘러싸고 있는 별자리는 마이크로코스모스를, 내부는 미크로코스

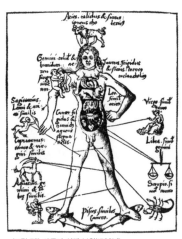

〈그림 70〉 12궁과 신체 부위(1503년)

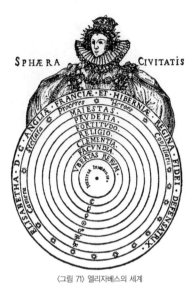

〈그림 71〉 엘리자베스의 세계

모스를 나타내고 있는 것으로 생각된다. 앞서 말한 시도서의 그림은 베리 후작이 주문한 것인데, 이것으로 귀족도 점성술에 크게 관심을 보였음을 알 수 있다.

또 점성술은 국가의 지배체제와 밀접하게 연관되어 정치에 큰 영향을 미친 적도 있었다. 그 사례로서 '엘리자베스 1세의 세계'의 그림을 살펴보겠다(그림 71). 이 그림에는 여왕 엘리자베스 1세가 점성술에 따른 우주의 섭리에 의해 '정당하게' 국가를 통치하고 있다는 것을 그림으로 보여주고 있다. 이는 절대 군주가 주창한 '왕권신수설(王權神授說)'의 변용인데, 이 사례로도 알 수 있듯이 점성술사는 군주에 빌붙어 일정한 발언권을 확보하려 했다. 이와 마찬가지로 프랑스왕 앙리 2세 왕비인 카트린느 메디치(1519~89년)가 노스트라다무스(1503~66년)를 중용한 것도 점성술사와 궁정과의 밀접한 관계를 보여주는 예라고 할 수 있다.

또한 점성술사는 기독교와의 융합을 도모하면서 종교에도 영향력을 행사하고 있다. 예컨대 12궁은 기독교의 사도나 선지자에도 대비되었다(그림 72). 그림으로도 알 수 있듯이 이는 중앙부에 그

반
지
와

탄
생
석

리스도를 그리고, 중간 원둘레에 사
도와 선지자를, 그리고 그 바깥
둘레에 12궁을 배치하고 있다.
여기서도 별자리와 종교적인
신비성이 융합된 사례를 볼 수
있다. 이렇게 해서 유럽의 중세
후기부터 근세 초기에 걸쳐 교황

〈그림 72〉 12궁과 기독교 사도 · 선지자들

율리우스 2세(재위 1503~13년), 교황 바
오로 3세(재위 1534~49년)뿐 아니라 천문학자인 케플러(1571~1630
년)까지도 점성술을 신봉했던 것이다.

　이상과 같이 점성술은 연금술과 함께 르네상스 시대 이후에도
종교와 과학, 그리고 정치 영역에도 크게 영향을 미치게 되는데,
여기서 다루는 12궁과 보석의 관계는 유럽에서 15~17세기에 정식
화(定式化)되었다. 별과 보석에 관해서는 이미 설명했듯이 고대 바
빌로니아 시대부터 밀접한 관계를 맺어왔다. 특히 르네상스 시대
의 유럽에서 12궁과 보석 전설이 결합되면서 이런 인식이 일반에
게 널리 확산되었다.

12궁과 탄생석 전설

르네상스 시대에 탄생석 전설이 보급된 것은, 중세 이래 점성술 전통과 함께 이 시대에 유복한 시민이 늘어나면서 보석에 대한 관심이 높아졌기 때문인 것으로 풀이된다. 이에 크게 기여한 사람이 독일인인 아그리파(1487~1535년)와 킬하(1602~80년)이다. 쾰른 태생인 아그리파는 그노시스파(派)의 영향을 받은 연금술사였는데 '현자의 돌'을 탐구하는 과정에서 12궁과 보석과의 관계를 정식화했다.

또 푸르다 근교에서 태어난 킬하는 17세기의 특이한 박물·천문학자였다. 그는 광물학에도 관심을 보여 그가 관리하게 된 로마 박물관에 방대한 광물자료를 수집해 놓은 것으로 알려지고 있다. 아그리파와 킬하는 보석의 광채 속에서 하늘의 별의 운행과 유사한 것을 발견하고 그 상관관계를 추구했다. 물론 과학적인 근거에 의한 것이 아니어서 두 사람의 견해가 일치되었던 것은 아니다. 먼

반지와 탄생석

저 그들의 12궁과 보석과의 대비를 인용해 보기로 한다.

이들의 견해에 차이가 있는 것은 12궁과 보석의 상관관계가 주관적이고도 자의적인 것임을 말해주는 것이지만, 어쨌든 12궁이 탄생 별자리를 의미하는 것이므로 이것과 보석과의 관계는 탄생석을 나타내는 것에 불과하다. 그러나 그들의 시도는 탄생석에 대한 관심을 높이는 데는 큰 역할을 했다. 그 뒤 점성술에서는 이같은 전통을 존중하면서도 색조에 의해 별자리와 탄생석과의 관계를 명확히 하는 한편, 보석의 특성과 소유자의 기질을 보여주게 되었다. 예컨대 근년에 사용되고 있는 각 대응관계는 다음과 같다.

이것들은 이미 설명한 바와 같이 12궁이라든가 지배하는 별의

12궁	아그리파	칼히야
양	붉은 무늬 차돌	자 수 정
황 소	홍옥수(紅玉髓)	홍색 지르콘
쌍 둥 이	황 옥(黃玉)	녹옥수(綠玉髓)
게	옥 수	황 옥(黃玉)
사 자	자 스 퍼	녹주옥(綠柱玉)
처 녀	에 머 랄 드	감 람 옥
천 칭	녹 주 옥	홍 옥 수
전 갈	자 수 정	붉은 무늬 차돌
사 수	홍색 지르콘	에 머 랄 드
염 소	녹 석(綠石)	옥 수
물 병	수 정	사 파 이 어
물 고 기	사 파 이 어	자 스 퍼

12궁	탄생월일	지배성	색조	보석	탄생석 (미국보석동업조합)
양	3월 21일 ~ 4월 20일	화성	적색	루비, 홍옥수 적색 오팔	다이아몬드
황소	4월 21일 ~ 5월 21일	금성	녹색 담황색	에머랄드 비취, 옅은색 사파이어 옅은색 마노, 장미석영	에머랄드
쌍둥이	5월 21일 ~ 6월 21일	수성	회색 변화하는 색	오팔 독수리의 목석(目石)	문스톤, 진주
게	6월 22일 ~ 7월 22일	달	백색 무지개색	다이아몬드, 수정 진주, 문스톤	루비
사자	7월 23일 ~ 8월 22일	태양	황색 적색	시트린, 황금호박 태양석	사도닉스 감람석
처녀	8월 23일 ~ 9월 23일	수성	회색 변화하는 색	오팔, 마노 독수리의 목석	사파이어
천칭	9월 24일 ~ 10월 23일	금성	녹색	비취, 옅은색사파이어 옅은색 마노, 장미석영	오팔 트루마린
전갈	10월 24일 ~ 11월 22일	화성과 명왕성	암적색 보라색	오팔, 블라드스톤 석류석, 자수정	토파즈
사수	11월 23일 ~ 12월 21일	목성	청색	청금석, 사파이어	라피스라즈리
염소	12월 22일 ~ 1월 20일	토성	흑색 보라색	무늬 마노 모리온, 흑전기석 흑진주, 흑산호	석류석
물병	1월 21일 ~ 2월 18일	천왕성	청록색	터키석, 녹주석 독수리의 목석	자수정
물고기	2월 19일 ~ 3월 20일	해왕성	보라색	자수정, 오팔	녹주석 블라드스톤

이미지와 보석의 특성을 유추하여 정해진 것이겠지만, 견해 차이로 서로 다른 경우도 있다. 또한 그 탄생월일에 의한 성격과 특성, 신체부분과의 대응관계 등이 그럴 듯하게 설명되고 있다. 점성술에서는 탄생시간의 별자리 위치가 그 아이의 운명을 지배하는 것으로 되어 있으며, 이를 근거로 하는 운명 판단이 오랜 세월에 걸쳐 시도되어 왔다.

근래에는 점성술 붐이 일어나 신문, 잡지, TV 등에서도 점성술에 의해 점을 치는 코너가 많아지고 있는데 이는 일종의 세기말 현상이라고 할 수 있을 것 같다. 점성술에 대한 신앙은 현재도 계속되고 있으며, 젊은이들의 마음을 사로잡으면서 더욱 확산되고 있다. 과학적인 측면에서 보면 점성술이나 탄생석 전설은 전혀 근거가 없는 것으로서 배제되어야 할 속신(俗信)이다. 점성술에 의지하려는 것은 인간의 약함을 나타내는 것이다. 그러나 인간은 내일의 운명도 모르는 채 덧없음 속에서 살아야 한다. 그러므로 의지할 곳없는 사람들이 인생의 길잡이로서 점성술에 관심을 보이는 것같다. 하지만 대부분의 젊은이들은 점성술을 가벼운 게임 정도로 받아들일 뿐 점성술에 깊이 사로잡히거나 하지는 않는다.

이러한 현상을 단지 미신이라고 일축할 일은 아니고 사회학의 테마 중 하나로 분석해볼 필요가 있다. 현대의 탄생석 전설은 미국의 보석동업조합이 1912년에 제정, 그뒤 일부 국가에서 캠페인에 의해 정착된 것이다. 반지와 탄생석을 연결시켜 판매전략을 전개한 결과 아시아의 일부 국가는 미국 자본의 큰 거래처가 되고 있다. 그러나 한편 이같은 탄생석 전설 때문에 박봉에 시달리면서도 연인이나 약혼자에게 반지를 사주어야만 하는 남성들은 탄생석의 진정한 피해자라고 할 수 있겠다.

반지와 보석신앙

반지의 원시적
형태로 맹금이나
맹수의 발톱, 손
톱이나 어금니를
펜던트(Pendant)
모양으로 만든 것이

〈그림 73〉 어금니 부적(펜던트)

있는데, 사람들은 이것을 몸에 지니면서 동물들의 강한 힘을 자기
것으로 하려 하거나, 죽음이나 위험한 상태에서 육신을 보호하려
했다(그림 73). 부적으로서의 보석 반지도 이의 연장으로 볼 수 있
다. 특히 고대와 중세 사람들은 보석이나 반지의 힘으로 질병이나
마귀, 불행, 재난, 죽음 등으로부터 벗어나려 했다. 그 전형적인 것
이 개구리 돌이라는 개구리석(石) 신앙이다. 이 기묘한 황갈색 돌
은 개구리의 머릿속에 있으며, 이 개구리 돌이 행운을 가져다 준다

〈그림 74〉 개구리돌을 꺼내는 방법

고 굳게 믿으며 반지에 이 돌을 붙여서 부적처럼 몸에 지니고 있었다. 그래서 개구리의 머리를 쪼개고 이 돌을 끄집어내는 광경까지 그럴 듯하게 묘사하고 있다(그림 74). 하지만 실제로 그런 것은 없었으며, 개구리 돌은 화석의 일종이었다.

또 나폴리 지방에 떠도는 이야기들을 모아서 그 이야기들을 소재로 만들어진 '세 개의 왕관'이라는 동화책이 있다. 이 책에는 마르케타라는 왕녀가 누명을 쓰고 처형당하게 되었는데, '마귀 할멈'에게서 받은 보석 박힌 반지의 마력으로 위기에서 벗어나 왕과 결혼해서 행복하게 살게 되었다는 이야기가 들어 있다. 이처럼 보석 박힌 반지는 옛날부터 장식품이라기보다 행운의 마력이 담겨 있는 부적으로서 귀히 여겨졌다.

그런데 지리상의 발견으로 신대륙과 세계 각처에서 금은보석이 유럽으로 모였다. 르네상스 이래 점차 부를 축적해온 신흥 부르주아들은 장신구에도 많은 관심을 보여 이들 장신구를 재력의 심벌로 삼았다. 또 보석이 박힌 반지는 종교와 결부되어 하나님의 권능을 나타내는 상징이 되었고 성직자들도 몸에 지니게 되었다. 또 절대적인 권력을 장악한 왕은 재력을 투입하여 보석을 수집, 왕관에 보석을 박거나 값비싼 보석이 박힌 반지를 끼거나 하면서 그 권위를 과시했다. 그리하여 현란한 장신구 문화가 꽃피어 보석·금

반 지 와 탄 생 석

은세공 장인과 상인들이 활약하게 되었다. 오늘날 전해 내려오고 있는 보석 박힌 반지에는 당시의 화려한 미의 극치가 남아 있다.

유럽의 장신구 문화 중심지는 피렌체, 로마, 파리, 울름, 카셀, 프라하 등이었다. 특히 보석에 관한 역사가 오래된 이탈리아에서는 보석에 얽힌 이야기가 많이 전해진다. 르네상스 당시의 보석 순위는 톱이 루비, 그리고 에머랄드, 다이아몬드, 사파이어 순으로 이어진다. 값은 루비가 800스쿠드(이탈리아의 오래된 화폐 단위), 에머랄드 400스쿠드, 다이아몬드 100스쿠드, 사파이어는 겨우 10스쿠드였다.

재산가나 권력자들은 보석 박힌 반지에 집착하면서 많은 희비극을 연출했다. 확실히 근대 이후 보석이나 반지는 부적에서 권위의 상징이나 장식품으로 바뀌었고, 부적으로서의 신앙은 점차 쇠퇴하게 되지만, 부적신앙은 오늘날에도 남아 있고 여전히 일부 사람들은 이를 믿고 있다. 다음으로는 주요한 반지용 보석을 둘러싼 에피소드를 간단히 소개하기로 한다.

다이아몬드

이 세상에서 가장 단단한 것으로 알려진 다이아몬드는 고대로부터 이미 문헌에 나오고 있는데, 다이아몬드를 왕만이 알고 있는 귀중한 돌이라고 쓰고 있다. 또 다이아몬드에는 독, 사악한 힘, 돌림병 등에 대한 방어 효능이 있다고 믿었다. '신화전승사전'에 의

하면 다이아몬드는 유럽에서 성모 마리아의 순결한 이미지와 밀접한 관계를 지니고 있었다고 한다. 기사 시대에 이 다이아몬드는 말 타고 창을 던지는 시합에서 승리한 자에게 주어지는 상금 역할을 하기도 했다. A·D·프리스의 '이미지 심벌 사전'에는 아더 왕 이야기가 다음과 같이 기록되어 있다.

아더 왕에 의해 처음으로 실시된 말 타고 창을 던지는 시합에서 죽임을 당한 어느 기사의 왕관에 박혀 있던 아홉 개의 다이아몬드를 향후 9년간 상품으로 내걸게 됐다. 란스로트가 9년간 연속으로 승리자가 되어 쟁취한 아홉 개의 다이아몬드를 연인 기네비아에게 주었으나 그녀는 다이아몬드에 질투심을 느끼고 다이아몬드를 강물에 던져 버렸다.

여기서는 승자의 영광의 다이아몬드보다도 여성의 질투가 더 강했음을 말해주고 있다.

그러나 초기 르네상스 시대에는 이미 설명했듯이 루비나 에메랄드가 더 귀중하게 여겨졌다. 1477년 오스트리아의 막시밀리안 1세(1459~1519년)가 브루고뉴 후작의 딸 마리아에게 다이아몬드 반지를 선물한 후 이 보석이 박힌 약혼 반지는 사랑과 충성을 약속하는 표시가 되었다고 한다. 이렇게 해서 다이아몬드는 약혼반지에 사용되기 시작했고, 또한 15~16세기 이탈리아에서 새로운 연마법이 개발됨으로써 점차 그 광채가 사람들을 매료시키게 되었다. 몇 가지 종류의 것이 있는데(그림 75) 통상적으로 58면체(面體)의 브릴리언트 컷이 다이아몬드를 가장 아름답게 보여준다고 한다.

　　원래 다이아몬드는 인도가 주요 산지였지만 18세기에 브라질에서 새로 광산이 발견되었다. 19세기 들어 남아프리카에서 광맥이 계속 발견되어 그 뒤 이 남아프리카가 세계의 다이아몬드 대부분을 산출하고 있다. 다이아몬드에 얽힌 에피소드는 많다. 1907년 영국 국왕 에드워드 7세(1841~1910년)가 선물받은 3106캐럿짜리 세계 최대의 다이아몬드는 카리안 다이아몬드로 불리고 있는데 지금도 화제가 되고 있다. 또 루이 14세, 마리 앙뜨와네뜨의 손을 거친 호프 다이아몬드, 그리고 토마스 피트로부터 오를레앙

카리안 다이아몬드가 셋팅된 영국의 여왕봉

(1674~1723년) 공을 거쳐 나폴레옹에게 넘겨진 리젠트 다이아몬드 등이 유명하다.

　　다이아몬드는 미국을 중심으로 한 앵글로 색슨계 민족에게 약혼반지로서 인기가 있지만, 독일에서는 오히려 단순한 금반지를 선호한다고 한다.

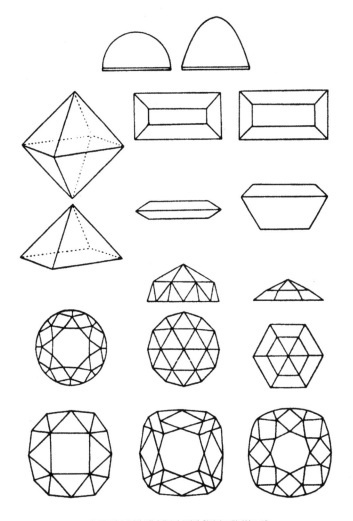

〈그림 75〉 보석의 컷(아래부터 2단째 왼편이 브릴리언트 컷)

오팔

본래 오팔은 인도에서 행운을 가져오는 돌로 치거나, 반대로 '불행을 가져오는 무서운 돌'이라는 평가를 받고 있었다. 고대로 부터 이 돌은 귀히 여겨지고 있었고, 프리니우스는 로마의 원로원 의원 안토니우스(전 82~30년)가 노니우스를 추방했을 때 노니우스 가 값비싼 오팔 반지만 가지고 도망친 사실을 문제삼고 있다. 여기 서 프리니우스는 안토니우스의 만행과 보석에 집착한 노니우스의 외고집을 특기할 만한 일로 논평하고 있는데, 사실은 안토니우스 가 이 오팔 반지를 클레오파트라에게 선물하려 한 때문에 양자간 에 보석 박힌 반지를 둘러싸고 불화가 있었다고 한다.

그런데 중세에 오팔은 '도둑의 돌'로 불린 적도 있었다. 왜냐 하면 이 오팔을 월계수 잎으로 감싸서 가지고 있으면 자기 모습을 지워버릴 수 있다고 생각했기 때문이다. 이 전설은 반지를 끼면 모 습을 보이지 않게 할 수 있다는 '규게스의 반지'를 연상시킨다. 또 오팔을 보면 현혹당하게 된다는 데서 '눈의 질병을 고치는 돌'이 라고 불린 적도 있었다.

영국, 스웨덴, 스페인, 러시아 등 많은 왕실에서는 오팔을 불길 한 보석이라 해서 멀리 하고 있다. 이런 미신은 영국의 작가 스코 트(1771~1832년)의 소설 '지긋지긋한 보석'에서 영향을 받은 때문 이라고 한다. 이 소설에서 주인공은 오팔을 소유하게 됨으로써 주 술에 걸렸다가 그 반지를 바다에 던지고는 간신히 주술에서 벗어 나게 된다. 그러나 본래 오팔은 '순결, 사랑, 신뢰의 상징'으로서

부정적인 것이 아니었기 때문에 소설이 끼친 영향은 대단한 것은
아니었다.

진주

　고대 유럽의 천연 진주는 페르시아만, 홍해, 인도양의 것이 많
았다. '바다의 다이아몬드'로 불리는 뛰어난 것이나 '흑진주' 등
귀중한 것도 있었다. 그리스 신화에서는 미의 여신 아프로디테(로
마에서는 우에누스)의 소지품으로서 '용기, 섬세, 다정함의 문장(紋
章)'으로 불리었다. 또 진주는 인내와 겸양, 그리고 정신과 육체의
순수함을 베풀어준다고 한다. 또한 진주가 달린 반지는 고귀함을
나타낸다고 하며, 기독교에서는 치료의 심벌이 된 적도 있다. 진주
는 또 유럽의 예술 양식에도 크게 영향을 주어 바로크의 어원이
'일그러진 진주'라는 의미였다는 것은 잘 알려진 일이다.

　진주를 둘러싼 에피소드는 '프리니우스 박물지'에 간략하게
언급되고 있다. 즉 프리니우스는 클레오파트라가 와인 속에 진주
를 녹여서 마셨다는 고사를 소개하면서 클레오파트라 전설을 꾸며
냈다. 또 로마의 폼페이우스가 자신의 상(像)을 진주로 장식했는데
프리니우스는 그런 호사에 대해 비판하고 있다. 마찬가지로 네로
나 칼리귤라도 진주와 보석을 좋아하는, 공통된 권력자의 모습을
보이고 있는 점도 흥미롭다.

　구전에 의하면, 진주는 그 소유자의 건강상태에 민감하게 반

응, 건강할 때는 빛을 발하고 그렇지 못할 때는 빛을 내지 않았다
고 한다. 또 진주는 약으로도 쓰였고 가루로 만들어 우유에 녹여
마시면 우울증(멜랑콜리)에 효험이 있는 데다 이빨과 목소리를 아
름답게 해 주는 동시에 젊음을 되찾아 장수하게 한다고 알려져 있
었다. 이 효능은 프리니우스가 말한 클레오파트라 전설에 따른 것
으로 보인다.

　진주에 관해서는 부정적인 구전도 있으며 이것을 잃어버리면
불행해진다는 미신도 있다. 또 진주는 시인들에 의해 '천사의 눈
물'(F·류켈트), '진주는 눈물을 의미한다'(렛싱)라고 묘사되기도
했다. 영국의 다이아나 왕세자비가 진주를 좋아했다는 에피소드
는 유명한데, 그녀의 비극적인 죽음은 진주와 눈물의 기묘한 인연
을 느끼게 한다.

루비와 사파이어

　붉은 색의 루비와 푸른색의 사파이어는 본래 동질의 보석으로,
함유하는 광물의 성분에 의해 색조가 달라진다고 한다. 루비는 고
대로부터 선호된 보석인데 스페인 왕인 펠리페 2세(1527~98년)가
죽기 이틀전 어머니 이자벨과 마찬가지로 이 보석을 녹인 물을 마
셨다는 기록이 있다. 당시 루비는 행운을 가져오는 보석으로 정신
을 진정시키고, 사파이어는 내장 질환에 잘 듣고 또 지혈작용이 뛰
어난 것으로 알려졌기 때문이다. 또 루비는 직접 살갗에 대고 있으

면 피를 맑게 해주고 심장병을 완화시키는 작용을 하는 것으로 알려졌다. 그러나 그 반지를 오른손에 끼면 효능이 반대로 나타나게 된다고 했다. 또 루비가 박힌 반지 색깔이 변하면서 빛을 내지 않게 되면 배우자의 신변에 이상이 생기는 것으로 알려지기도 했다.

사파이어는 정절과 순결을 상징하는 것이라 하여 주교가 지복(至福)을 베풀 때 이 보석이 달린 반지를 오른손에 끼기도 했다. 또 성모 마리아의 엠블럼(문장)으로도 알려져 있었다. 그런데 사파이어 반지도 간통을 하거나 사악한 마음을 갖게 되면 진주와 마찬가지로 빛이 희미해진다고 했다. 또 심장병이나 안질에 효능이 있다든가, 독사나 전갈의 독을 없앤다는 민간신앙도 있었다.

랑스의 대성당에는 카알 대제의 사파이어가 보관되어 있다. 이렇게 보관되어 있는 데는 유래가 있다. 아헨의 카알 대제의 무덤에 매장되어 있던 펜던트를 나폴레옹이 황후 조세핀에게 선사했다고도 하고, 혹은 그녀가 손수 입수했다고도 한다. 사파이어는 1804년의 대관식에서 그녀의 부적으로 쓰여졌다. 조세핀은 나폴레옹과 결혼하기 전에 보아르네 자작과 결혼해 두 아이를 낳았다. 그러나 남편이 프랑스 혁명 때 처형돼 그녀는 세상의 덧없음을 느끼지 않을 수 없었다. 그 때문에 조세핀은 나폴레옹과 만나고 나중에 왕비가 되었을 때 부적으로서의 사파이어에 집착했다고 한다. 이 보석은 나폴레옹 3세(1808~73년)의 손을 거쳐 랑스 대성당에 헌납되어 있다.

에머랄드

훌륭한 초록빛 보석 에머랄드는 '희망의 돌'로 불리는 동시에 '자연에서의 광대한 활동력과 풍요의 상징'으로 일컬어졌다. 프리니우스에 의하면, 키프로스 섬의 왕족들 무덤에는 사자상이 있었는데, 그 눈은 에머랄드로 만들어졌다. 그런데 사자상의 초록빛 눈이 너무 빛나서 바다의 다랑어가 그 눈빛을 보고 겁을 집어먹고 도망가는 바람에 어부들에게 손해를 끼쳐 눈을 다른 보석으로 갈아 끼웠다고 한다. 다랑어가 다가오지 않은 것은 다른 이유가 있었겠지만, 이 전설은 에머랄드의 광채가 물속까지 깊이 침투했다는 것을 말해준다.

에머랄드는 전설에 의하면, 타락천사 루시퍼가 하늘에서 떨어질 때 에머랄드로 된 거대한 관을 지상에 가져왔다고 한다. 또 이 관에는 꼬리와 지느러미가 붙어 있었으며 시바의 여왕 손을 거쳐 솔로몬 왕에게 건너갔다. 왕은 그것으로 잔을 만들게 했는데 이것이 그리스도 최후의 만찬에 쓰인 잔이며, 그 후 성배로서 세상에 전해졌다고 한다. 에머랄드는 이집트에서는 '사랑하는 자의 돌'로 불리면서 이시스(고대 이집트의 여신)에게 바쳐졌다. 이것으로 여신이 조각되었고 사랑과 탄생의 부적으로 쓰여졌다. '이미지 심벌 사전'에 의하면 에머랄드는 불멸의 상징으로 기독교에서는 신앙, 청순, 정절을 나타내며 교황의 보석으로 되어 있다.

이상과 같이 많은 보석들은 역사상 유명한 사람의 손을 거쳐 계승된 것이 많다. 전설 중에는 진위가 분명치 않은 것도 몇 가지 있으나 금·은과 마찬가지로 보석은 여전히 인류의 보물이므로 소유자가 바뀌더라도 거의 버려지는 일 없이 계승된다는 특성이 있다. 게다가 이를 소유할 수 있는 자는 대부분 왕후 귀족이거나 대부호에 국한되어 있으며, 소유자는 과거나 현재나 유명인이 많다. 이러한 이유 때문에 여러 가지 보석 전설이 생겨난 것이라고도 할 수 있다.

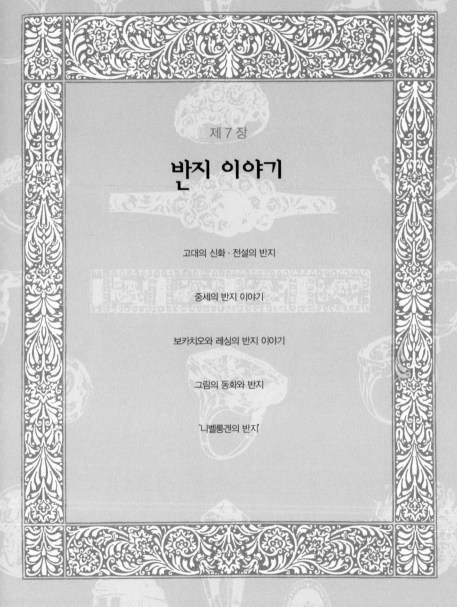

제 7 장

반지 이야기

고대의 신화 · 전설의 반지

중세의 반지 이야기

보카치오와 레싱의 반지 이야기

그림의 동화와 반지

'니벨룽겐의 반지'

The real history of ring

고대의 신화·전설의 반지

신화나 문학작품에 그려진 반지는 마법의 반지, 종교반지, 결혼반지, 인물을 분별하는 인식의 반지 등으로 분류되는데, 특히 신화나 전설에는 마법의 반지와 비슷한 것이 눈에 띈다. 예를 들면 플라톤의 '국가' 는 규게스의 반지에 대해 언급하고 있다. 그에 따르면 류디아의 왕을 섬기던 규게스는 지진으로 땅이 갈라졌을 때 땅 속에 파묻히면서 무덤 안으로 들어가게 됐다. 그곳에서 그는 죽은 거인의 손가락에 끼어 있는 보석 박힌 황금 반지를 발견한다. 그 반지는 대좌(臺座)를 자기 쪽으로 돌리면 자기 모습이 보이지 않게 되는 마법의 반지였다. 그는 신비한 그 반지의 힘으로 왕을 누르고 왕비와 결혼, 왕권을 쥐게 되었다고 한다. 이 반지는 초능력을 지니고 있어 행운을 가져다 주는 반지로 알려지고 있으며, 반지의 부적 신앙에서 궁극적인 심벌로 추앙되고 있다. 또 마법의 반지는 알라딘의 마법의 램프 등과 같은 발상으로, 이런 종류의 마법

아이템은 전설에 수없이 많다.

그런데 규게스의 마법의 반지에는 몇 가지 다른 이야기가 있다. 헤로도토스(전 484경~430년 이후)에 의하면, 기원전 7세기경 류디아에 칸다우레스 왕이 있었는데 왕비의 아름다운 몸에 반해 있었다. 왕은 신하인 규게스에게 자기 아내의 매혹적인 나체를 몰래 들여다보고 확인하게 한다. 하지만 이를 눈치챈 왕비는 규게스에게 대들며 자기를 모욕한 벌로 처형당하겠느냐, 아니면 남편 칸다우레스를 죽이고 왕이 되겠느냐 양자 택일을 하라고 다그쳤다. 그래서 규게스는 왕을 살해하고 왕비와 결혼하게 된다.

그러나 사실은 왕비가 자신의 매력적인 나신을 보여주면서 남성의 발기 반응을 확인한 것으로도 해석되고 있다. 왜냐하면 고대에는 왕에게 초월적인 성적 능력이 요구되었고, 그렇지 못할 때는 왕이 될 자격을 잃으면서 도태되었기 때문이다. 지배자는 모든 면에서 뛰어나지 않으면 그가 이끄는 부족이 멸망할 위험성이 있었다. 이같은 일화적인 해석은 어쩐지 동물사회를 연상하게 하는데, 동물의 우두머리 교체도 같은 원리에서 이루어지고 있음은 주지의 사실이다.

규게스의 전설을 바탕으로 독일의 극작가 헵벨(1813~1863년)은 '규게스와 그 반지'를 쓰고 있다. 이 희곡에서 규게스는 플라톤의 이야기와 마찬가지로 모습을 보이지 않게 하는 마법의 반지를 사용해서 왕비의 나신을 훔쳐보는데, 이밖의 스토리는 이미 설명한 바와 같다. 다만 결말 부분에서 왕비는 규게스와 결혼식을 올린 즉

시 비극적인 자살을 하는 것으로 끝이 난다. 그녀는 남편 외에 나신을 보여서는 안 된다는 오랜 관습을 깼기 때문에 그 책임을 진 것이다. 따라서 이 반지의 마력은 행운을 가져 오는 것이 아니라 비극의 원인이 되어 있다. 이렇게 해서 헵벨은 극적인 파토스를 높여 왕비를 비극의 주인공으로 만들었다.

다음으로 그리스 신화에도 반지에 얽힌 이야기가 있다. 영웅 테세우스는 미노타우로스라는 반인반우(半人半牛)의 괴물을 퇴치하려고 크레타 섬에 찾아온다. 그는 자기가 위대한 해신(海神) '포세이돈' 의 아들이라고 자랑했기 때문에 크레타의 왕 미노스로부터 과제를 받는다. 그 과제는 바다에 던져진 금반지를 주워 오라는 것이었다. 이 반지를 둘러싼 이야기에는 이설(異說)이 있는데 기원전 5세기 어느 시인의 작품에는 다음과 같이 기록되어 있다.

테세우스와 미노스가 어떤 왕녀를 둘러싸고 다툰다. 그런데 미노스가 바다속으로 반지를 던져버린다. 그러자 테세우스는 크레타 섬 근처 바다속으로 뛰어들어 포세이돈의 도움으로 반지를 들고 돌아온다. 뿐만 아니라 그는 안피토리테로부터 받은 왕관도 갖고 오는데 그 뒤 곧 미노타우로스를 퇴치한다. 반지는 바다의 지배자 포세이돈의 힘을 시험해 보기 위해 던져진 것이거나 약혼 · 결혼반지였던 것으로 추측된다.

유대의 신화에도 마법의 반지가 등장한다. 다윗과 그의 아들 솔로몬(전 961경~922년경)은 지혜로운 왕으로 알려져 있는데, 그의 (인장)반지에 얽힌 이야기도 유명하다. 전설에 의하면, 왕이 신전

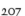

을 세우려 하자 악령이 이를 방해한다. 솔로몬이 하나님께 기도드리자 천사인 미카엘이 나타나 그에게 특별한 반지를 준다. 그리고 솔로몬이 이 반지를 끼자 모든 악령을 물리칠 수 있는 힘을 얻게 된다.

솔로몬은 부하에게 반지를 빌려주면서 그 영적인 힘으로 악령의 왕 아스모다이를 체포하게 했다. 사슬에 묶인 아스모다이를 향해 솔로몬은 그의 무력함을 나무랐다. 그러자 아스모다이는 반지를 빌려주면 힘을 발휘할 수 있겠노라고 한다. 그 말에 끌려 솔로몬이 그에게 반지를 빌려주자 아스모다이는 그 영적인 힘으로 쇠사슬을 끊고 거꾸로 솔로몬을 추방, 예루살렘의 왕이 되었다. 그 후 솔로몬은 3년간 각처를 방랑하다가 알게 된 암몬의 왕녀 나아마와 결혼하지만, 궁핍한 생활을 해야 했다.

어느날 나아마가 생선 요리를 하는데 아스모다이가 바다에 던진 반지가 물고기 뱃속에서 나왔다. 그 반지 덕택에 그들은 예루살렘으로 돌아가 아모스다이를 추방한 후 솔로몬은 다시 왕이 되었다.

그 뒤 왕은 신

〈그림 76〉 솔로몬 왕의 상상도(14세기)

전을 건설하고 죽은 것으로 되어 있다. 그러나 이설에 의하면 솔로몬 왕이 요단강에서 목욕을 하다가 반지를 잃어버렸고, 그 때문에 예지를 잃고 결국 죽임을 당했다고 한다(그림 76). 이 전설에 나타나는 물고기와 반지의 관계는 기독교의 어부의 반지와 물고기 전설에도 유입되었다.

중세의 반지 이야기

중세에 반지는 종교와 깊이 연관되어 있는데, 영국의 에드워드 참회왕의 반지 전승에 대해서는 이미 간략히 설명한 바 있다. 이는 이른바 경부 임파선의 종기반지로서 성화(聖化)되어 역대 왕들에 의해 치료 의식에도 쓰여졌다. 그 후 반지는 리차드 1세 (1367~1400년)의 대관식에도 사용되었다고 하는데, 여기서 반지는 왕권 신수설(神授說)을 보완하는 역할을 수행했다. 중세에는 일반적으로 반지를 성스러운 대상으로 생각했다.

그런데 이런 이야기와는 대조적으로 프랑스에는 주교와 마법의 반지에 얽힌 익살스런 이야기가 전해 내려오고 있다. '프랑스 중세 골계담(滑稽譚)'이라는 책에 근거하여 재미있는 이야기를 살펴보기로 한다.

때는 중세. 어떤 남자가 마법의 반지를 갖고 있었다. 그 반지를 끼고 있으면 그 물건이 커진다고 한다. 어느날 그 남자가 반지를 빼고 샘물로 손과 얼굴을 씻은 후 그만 반지를 놓고 가버렸다. 잠시후 주교가 말을 타고 지나가다가 샘물가에 있는 그 반지를 발견하고는 자기 손가락에 끼어 보았다. 그러자 주교의 그 물건이, 즉 남근이 눈깜짝할 사이에 커져서 말에 올라탈 수 없게 되었다. 그런데도 물건이 계속 커지자 주교는 수치도 잊고 도움을 청했다.

원래의 반지 임자가 소문을 듣고 주교 앞에 나타난다. 그는 사례금만 넉넉하게 준다면 고쳐드리겠다고 말한다. 고통스러운 나머지 주교가 승낙하자 그 남자는 반지와 100리브르를 요구했다. 주교가 그대로 해주었더니 주교의 이상한 상태는 정상으로 돌아갔다고 한다. 이것은 주교가 끼는 루비 반지가 정신을 맑게 해주고 망상을 쫓아내는 것이라는 전설을 가소로운 것으로 취급하면서 성직자를 놀리려고 꾸며낸 얘기인데, 이 이야기에서 서민들의 씩씩한 활동력을 읽어낼 수 있다.

중세의 민네(사랑)의 반지에 관해서도 설명하기로 하겠다. 음유시인(吟遊詩人)인 포겔바이데(1170경~1230년)는 '진실한 사랑'에서 다음과 같이 노래하고 있다.

진심으로 사랑하는 당신
하나님께서 당신에게 언제까지나
행복을 주시기를 빕니다.
지금보다 더한 축복을 당신에게
줄 수 있음을 내가 생각해낼 수 있다면

나는 그런 축복이 당신에게 내려지도록
하나님께 기원하겠습니다.
당신을 이토록 사랑하는 사람은
아마도 나 외엔 없을 테죠.
그래서 난 더 괴롭습니다.

내가 신분이 낮은 부인에게
노래를 바치고 있다 해서
나를 탓하는 사람이 있답니다.
그들은 사랑이 무엇인지
알려고도 하지 않습니다.
저주스런 사람들이죠.
재산이나 미모를 보고
사랑하려는 사람들······
아아, 그게 무슨 사랑이라는 것인지요.

지금까지 남들의 비난 소리를
나는 용케도 견뎌왔었죠.
앞으로도 계속 견뎌 나갈 겁니다.
지금의 당신은 더할 나위없이
아름답기만 합니다.
내가 그렇게 생각하고 있는데

누가 뭐라고 트집잡을 일이 있겠는지요.

그들이 뭐라 하든 나는 당신을

사랑하고 있습니다.

여왕님의 순금 반지보다

나는 당신의 유리알 반지를 택하겠습니다.

기사도 정신이 고양되었던 그 시대에는 신분이 높은 기혼 부인에게 헌신적이며 정신적인 사랑을 바치는 '높은 민네'와, 연애감정에 따르는 '낮은 민네'가 있었다. 전자가 찬양되고 있는 시대에 포겔바이데는 굳이 '낮은 민네'를 찬미한다. 즉, 이 시에 전형적으로 나타나 있듯이 그는 신분이 높은 기혼 부인에 대한 부자연스러운 사랑에 의문을 품고 처녀에 대한 본래의 자연스러운 사랑을 주장하고 있다. 이때 반지가 사랑의 증표가 되었다는 것은 마지막 구절로 알 수 있다. 순금과 유리알 반지라는 표현으로 '높은 민네'와 '낮은 민네'에 대한 세간의 평가를 알 수 있는데, 민네의 시대에 이미 '사랑을 다짐하는 반지'가 유행하고 있었다는 사실도 함께 알 수 있다.

보카치오와 레싱의 반지 이야기

보카치오의 '데카메론'에는 세 개의 반지를 둘러싼 일화가 실려있다. 아랍의 국왕 사라디노는 전쟁과 호사스런 생활에 전재산을 써버렸기 때문에 돈이 떨어진다. 그래서 그는 유대인 고리대금업자에게 트집을 잡아 돈을 받아내려고 한다. 왕은 그에게 "나는 세 가지 종교 중 유대교가 진짜인지, 이슬람교가 진짜인지, 기독교가 진짜인지를 너한테서 꼭 듣고 싶다."고 말했다.

유대인은 트집을 잡히지 않으려고 다음과 같은 비유 이야기를 한다. 어떤 부자가 아름답고 값진 반지를 갖고 있었는데 그 반지를 물려받는 사람이 재산도 물려받는 것으로 하고 이를 가훈으로 삼았다. 이에 따라 반지는 대대로 계승되었는데, 어느날 품행 방정한 세 아들을 가진 부친이 반지를 누구에게 주느냐 하는 문제로 고민하게 된다.

임종을 앞둔 아버지는 세 아들을 모두 만족시키기 위해 묘안을

짜낸다. 아버지는 같은 반지 두 개를 더 만들어 세 아들에게 하나씩 나누어 주었다. 아버지의 사후 재산상속 문제로 아들 세 명은 각기 반지들을 내보였지만 어떤 반지가 진짜인지 알 수 없어 재산상속은 공중에 뜨게 된다.

유대인은 이 비유를 왕에게 들려준 후 이렇게 말했다.

폐하께서는 세 가지 종교에 대해 질문하셨는데 같은 말씀을 폐하께 드리려 하는 바입니다. 즉 각각의 백성이 그 유산과 진짜 종교와 그리고 나름의 계율을 가지고 있다고 생각합니다. 그러나 어떤 백성이 진짜 종교를 가지고 있는 것이냐고 한다면, 반지의 경우와 마찬가지로 문제는 아직 공중에 떠있다고 하겠습니다.

그리하여 각 종파에 대한 우열을 가리지 못하게 되는 것과 마찬가지로 세 아들 모두 동등한 상속권을 가지고 있다는 것이 증명되었는데, 그 유대인은 왕으로부터 총명함을 인정받아 나중에 높은 자리에 등용되었다고 한다.

이 유대인의 지혜에 독일의 계몽주의자 렛싱(1729~1781년)은 크게 감동된다. 그래서 그는 희곡 '현인 나탄'에 이 에피소드를 삽입했다. 연극의 무대는 십자군 시대로 설정되었는데, 당시 기독교, 유대교, 이슬람교 등 세 종교가 대립, 정당성을 둘러싼 논쟁이 벌어지고 있었다. 그것을 렛싱은 '데카메론'에서 전개된 것처럼 반지를 둘러싼 비유 이야기로 설명했다.

어떤 남자가 반지를 끼면 하나님은 물론 시민들로부터도 사랑받을 수 있는 값비싼 오팔 반지를 물려받아, 이를 가장 사랑하는 아들에게 물려주려고 했다.

그러나 세 아들 모두 사랑스런 아들이어서 그는 반지를 만드는 반지 장인에게 똑같은 반지 두 개를 더 만들게 했다. 그리고는 임종 때 아들들을 한 명씩 따로 불러 축복해 주면서 반지를 주었다. 남자가 죽은 후 세 형제가 다툴 때 나탄은 재판관의 중재를 이렇게 대변한다.

너희들은 모두 아버지의 편견없는 공정한 사랑을 배우도록 해야 한다. 각자가 갖고 있는 반지의 돌이 제힘을 발휘할 수 있도록 힘써야 한다. 그리고 온유한 마음과 협력, 선행, 하나님께로의 귀의 등에 의해 돌이 그 힘을 발휘할 수 있도록 노력해야 한다. 또 장차 너희들의 자손 대에 그 돌의 힘이 각기 나타나게 된다면 수천 수만 년 후의 일이 될지도 모르지만 나는 너희들의 자손을 다시 한번 이 법정에 불러들일 것이다.

이상과 같은 세 가지 반지 우화로 렛싱은 편협한 종교적 불화를 배격하고, 그것을 초월한 고차원적인 사랑과 관용을 설파하고 있다. 이것은 계몽주의자이기도 했던 그의 인도주의 사상을 훌륭하게 보여준 것이기도 하다.

　반지는 인간의 예지의 심벌로 묘사되고 있으며 여기에는 본질적으로 인간이 수행해야 할 행위가 교훈적으로 뜨겁게 주창되고 있다. 렛싱은 기독교의 틀을 벗어나 사상적으로 보다 높은 위치에 도달해 있었다고 할 수 있다.

그림의 동화와 반지

그림 형제의 동화에도 반지에 관한 몇 가지 이야기가 있다. 그중 세 가지 이야기를 소개하기로 한다.

우선 '천 필의 가죽'이라는, 왕이 자기 딸과 근친 결혼하려는 터무니없는 이야기가 있다. 내용은 다음과 같다.

어떤 나라에 왕과 금발의 아름다운 왕비가 있었다. 왕비는 병들어 눕게 되었다. 왕비는 자기와 똑같은 머리칼을 가진 아름다운 여자가 아닌 사람과 결혼해서는 안된다는 말을 남기고 죽었다. 신하들은 왕에게 재혼을 권했으나 왕은 들으려 하지 않았다.

왕에게는 딸 하나가 있었는데 그녀는 어머니와 마찬가지로 금발의 아름다운 딸이었다. 이윽고 왕은 딸을 바라보고 있다가 딸과 결혼하고 싶다는 생각을 하게 된다. 왕은 고문관들에게 의논했지만 신하들은 그런 결혼은 하나님께서도 금하고 계시다면서 말렸다. 물론 딸도 펄쩍 뛰었다. 그래서 공주는 결혼하자는 아버지에게 도저히 실현 불가능한 것으로 생각되는 조건을 제시한다. 금으로 만든 반지와 금으로 만든 명주수레와 금으로 만든 실감개, 그리고 천 가지 종류의 동물 가죽으로 만든 천 필의 가죽을 받을 수 있다면 결혼해도 좋다고 말한다. 왕은 온갖 수단을 동원해 조건을 성사시킨다. 다급해진 공주는 금제품과 함께 천 필의 가죽을 쓰고 몰래 성을 빠져 나왔다. 이윽고 얼굴과 손에 검댕이를 칠하고 숲 속에서 자고 있는데, 사냥을 나온 다른 왕이 그녀를 생포했다. 이렇게 해서 공주는 성의 헛간에서 일을 하는 하녀로서 재를 뒤집어쓰고 일하게 되었다.

어느날 무도회가 열리자 공주는 검댕이를 씻어낸 후 금은으로 만든 망토를 입고 무도회장에 나타났다. 왕은 그녀의 미모에 반해 그녀와 춤을 추게 되었다. 그 후 그녀는 곧 자취를 감추어 재를 뒤집어쓴 몸으로 변신하고 왕에게 바칠 수프를 만들었는데, 수프 속에 금반지를 넣었다. 왕은 수프를 맛있게 먹은 후 바닥에 있는 반지를 발견했다.

다음날 또 무도회가 열렸는데 이번에도 먼젓번과 마찬가지로 공주는 몸치장을 한 후 무도장에 나타났다. 그리고 왕과 춤을 춘다음 다시 자취를 감추었다. 그녀는 이번에도 재를 뒤집어쓴 몸으로 변신한 후 수프를 만들고 그 속에 금으로 만든 명주막대기를 넣어 두었다. 이 수프가 또 왕에게 바쳐졌고, 왕은 그것을 넣은 사람을 찾아내려 했지만 찾지 못했다.

세 번째로 무도회가 열렸을 때 왕은 춤을 추면서 공주 모르게 반지를 공주의 손가락에 반지를 끼워 주었다. 그녀는 이번에도 자취를 감추었는데 여느 때보다도 오랫동안 춤을 추는 바람에 충분히 변신할 여유도 없이 급히 수프를 만들어 그 속에 금으로 만든 실감개를 넣어 왕이 먹도록 바쳤다. 왕은 수프를 만든 자를 알아보게 하다가 결국은 공주가 만든 것임을 알게 된다. 그래서 두 사람은 결혼하게 된다.

이 이야기는 초판(初版)에서는 아버지가 구혼하는 것을 피해 도망친 딸이 결국은 아버지와 결혼하게 되면서 근친상간이 실현된다는 동화답지 못한 줄거리로 되어 있었다. 그러나 결혼하기 싫어서 탈출한 딸이 어떻게 해서 친아버지와 결혼하게 되었는가 하는 동기가 분명히 밝혀지지 않고 있다. 그런 의미에서 이 동화는 줄거리가 모순되게 짜여진 것인데, 그 이유는 그림 형제가 두 가지 이상의 이야기를 무리하게 합성시켰기 때문이라고 한다. 그러나 재판(再版)부터는 공주가 다른 왕과 결혼하는 것으로 개작되어 스토리는 모순되지 않게 된다.

어쨌든 아버지의 성에서 탈출한 후 다른 성에서 '하녀'로 일하게 된 공주가 반지를 수프 속에 넣어 왕에게 선물한다. 왕은 춤을 추면서 이 반지를 그녀 모르게 그녀의 손가락에 끼워준다. 하지만 공주가 왕의 그런 행동을 모를 리 없다. 그녀는 남편이 될 왕의 거동을 냉정하게 감시하고 있었던 것이다. 그러므로 이는 말하자면 약혼반지를 교환한 것으로 생각된다. 또 실감개나 명주막대기는 여성의 소지품인 동시에 결혼의 심벌이기도 했다. 고대 로마 시대부터 결혼할 때는 명주막대기를 지참하게 되어 있었는데 이는 널리 알려진 관습이었다. 또한 수프를 맛있게 끓일 줄 아는 것이 결혼의 조건이 되기도 했다. 그러므로 이 동화에서 공주는 그런 조건을 충족시킨 것이 되므로 결혼적격자가 되었다. 이 동화에는 그림 형제가 추구해 마지않았던 남녀의 역할 분담이 명시되고 있는 동시에 가정에 있어서 여성의 바람직스런 모습이 그려져 있다.

다음으로 '도둑 사위'를 살펴보기로 하겠다.

어느 지방에 방앗간집 처녀가 있었는데, 도둑이 부자로 변장하고 그녀에게 구혼해 왔다. 보기에 착한 남자처럼 보였기 때문인지 처녀의 아버지는 그 남자가 마음에 들어 결혼에 동의한다. 그러나 딸은 아무래도 그 남자가 마음에 들지 않았지만 자기 집에 한번 찾아오라고 하도 성화를 해서 하는 수 없이 숲 속에 있는 구혼자의 집을 찾아가게 된다. 그때 그녀는 '헨젤과 그레텔'과 마찬가지로 돌아올 때 길을 잃지 않으려고 길에 재를 뿌리며 걸었다. 그만큼 숲은 깊었다.

도둑의 집에 갔지만 아무도 없었다. 그래서 그녀는 이 방 저 방을 살펴보다가 지하실이 있는 것을 보고는 지하실로 내려가 보았다. 지하실에는 노파가 있었다. 노파에게서 남자가 무시무시한 도둑이라는 얘기를 들은 방앗간집 딸은 노파와 함께 도망쳐 나오려 한다. 이때 도둑들이 다른 처녀를 끌고 돌아왔다. 그리고 그 처녀는 와인을 억지로 마시게 된 후 살해된다. 또 몸에 지닌 것을 몽땅 털린 다음 옷이 벗겨지면서 알몸이 드러나고, 도둑들은 처녀의 알

반
지

이
야
기

221

몸을 토막낸다. 이때 도둑 중 한 명이 처녀의 손가락에 금반지가
끼워져 있는 것을 알아차린다. 금반지를 빼려고 했지만 빠지지 않
자 손가락을 아예 도끼로 찍어버린다. 잘린 손가락은 튀어 오르더
니 숨어있던 방앗간집 딸의 무릎쪽으로 굴러왔다. 손가락을 찾으
러 온 도둑을 노파가 적당히 구슬려 보내버려서 방앗간집 딸은 도
둑에게 들키지 않았다.

시간이 흐른 후 그녀는 도둑의 집을 벗어나 길에 재를 뿌려 표
시해둔 표식을 따라 집에 돌아올 수 있었다. 그녀는 자초지종을 아
버지에게 말씀드렸지만 결국 결혼식을 올리게 됐다. 축하객들이
한 마디 하라고 신부에게 청하자 그녀는 꿈얘기라면서 숲 속에서
일어난 사건을 털어놓았다. 그리고는 증거품으로 반지가 끼워져
있는 손가락을 손님들 앞에 내보였다. 신랑인 도둑은 자기 정체가
폭로된 것으로 알고 새파랗게 질려버린다. 손님들은 도둑을 잡아
재판소에 넘겼고, 그는 다른 도둑들과 함께 처형되었다.

그림의 동화에서 대부분의 경우 숲은 기분 나쁜 세계를 암시한
다. 그곳에는 마녀가 살고 있거나, 늑대가 도사리고 있거나, 도둑
이 숨어있거나 한다. 숲은 일상세계에서 배제된 자들이 지내는 곳
이었다. 한 마디로 그곳은 마크로코스모스의 세계이며 그곳에서
는 비일상적이며 그로테스크한 살육이 전개되고 있다.

'도둑 사위'는 표면적으로는 결혼을 둘러싼 이야기이지만 배후
에는 새디스틱한 성의 세계가 묘사되고 있다. 숲속 은신처로 끌고
온 처녀에게 와인을 마시게 하는 행위는 일종의 약탈결혼 의식으

로 생각된다. 도둑은 처녀를 벌거벗겨 성행위를 하려 하지만 그녀는 필사적으로 저항한다. 그때 반지가 눈에 띄자 도둑은 강제로 반지를 빼려 한다. 그 반지는 처녀의 약혼자가 끼워준 것으로도 해석할 수 있다. 그녀는 한사코 반지를 뺏기지 않으려고 하지만 결과적으로는 죽임을 당한다. 원한이 담긴 이 반지는 잔혹한 행위를 하면서도 시치미를 떼고 방앗간집 딸과 결혼하려 한 도둑의 악행을 드러나게 한다.

이상과 같은 두 가지 이야기는 결혼반지에 관한 것이었지만, '일곱마리의 까마귀'에서는 반지가 다른 역할을 하고 있다.

어떤 부부에게 일곱 명의 아들이 있었는데 그들 부부는 또 한 명의 계집아이를 낳았다. 하지만 아이가 몸이 너무 약해서 서둘러 세례를 받아야만 했다. 아버지는 아이들에게 빨리 샘터에 가서 물을 길어오라고 했다. 아이들은 서로 먼저 물을 길어올리려고 다투다가 물통을 우물 속에 빠뜨리고 만다. 아무리 기다려도 아이들이 돌아오지 않자 아버지는 화를 내며 "이런 못된 놈들 같으니라구. 차라리 까마귀가 되는 게 낫겠다"라고 말한다. 그러자 일곱 명의 아이들은 정말 까마귀가 되어버렸다.

이젠 계집아이만 남게 되었는데 어린 소녀는 자라나면서 자기 때문에 오빠들 일곱 명이 까마귀 신세가 되었다는 것을 알게 된다. 그래서 오빠들을 구하려고 여행길에 나선다. 이때 부모님으로부터 반지를 받는다. 소녀는 이 세상 끝까지 가다가 마침내는 태양과 달, 별들도 찾아갔지만 오빠들을 찾을 수는 없었다. 하지만 샛별이 오빠들이 살고 있는 산을 가르쳐 준다. 샛별은 그 산에 들어가기 위한 열쇠 대신 '병아리 발'을 주었다. 그런데 소녀는 산에 가는 도중 병아리 발을 잃어버렸다. 까마귀들이 사는 산에 간신히 도착했지만 그곳에 들어갈 수 있는 '병아리 발'이 없었다. 소녀는 하는 수 없이 자기 손가락을 잘라 열쇠 대용품으로 만들어 문을 열고 안으로 들어갔다.

마침 까마귀들은 밖으로 나가고 없었다. 소녀는 난쟁이에게 작은 컵 하나만 달라고 해서 그 컵 속에 반지를 넣어 둔다. 돌아온 까마귀들 중 한 마리가 반지를 발견하고 그 반지는 우리 부모님의 반지라고 말한다. 그리고 까마귀들은 모두 일곱 명의 오빠들로 되돌아와 함께 집으로 돌아오게 된다.

부모들이 계집아이가 세례를 받도록 서두른 것은 세례를 못 받고 죽으면 아이가 천국에 가지 못하게 되기 때문이었다. 까마귀가 된 오빠들은 서로 먼저 물을 길으려고 다투는 등 부모님의 말씀을 제대로 지키지 못한 벌을 받아 저승으로 쫓겨난 것으로 해석할 수 있다. 그것은 까마귀라는, 일반적으로 저주받은 새가 된 것으로 상징되고 있다. 성장한 소녀였지만 아마도 병으로 일찍 죽어 소녀의 부모는 반지를 딸의 무덤에 넣어 매장한 것으로 생각된다. 왜냐하면 미혼 여성이 죽었을 때 저승에서의 행복을 기원하면서 옛날에는 그렇게 하는 관습이 있었기 때문이다. 그리하여 죽은 소녀는 저승을 떠돌게 되는데, 그곳에 들어가기 위한 열쇠라는 것은 기독교에서 말하는 '천국과 지옥' 입구에 있다고 하는 저 세상으로 가는 열쇠이다. '병아리 발'의 열쇠는 '그림 동화 저승으로의 여행'에 의하면 절뚝발이의 의미가 담겨 있는 것이라고 한다. 여기서는 소녀가 장애자로서 제대로 걷지 못했다는 사실이 암시되고 있다. 그러나 '병아리 발'을 잃었기 때문에 그녀는 자기 손가락을 절단한다. 이 동화는 그로테스크한 양상을 보이고 있다. 저승에서 만난 난장이는 백설 공주의 경우와 마찬가지로 이승과 저승의 중개자 역할을 하고 있다. 컵 속에 넣은 반지는 까마귀가 된 오빠가 여동생을 분별할 수 있게 하기 위한 것이다. 결과적으로 부모의 반지가 가족을 다시 맺게 한 것이라고 할 수 있다. 그러고보면 반지는 저승과 현세를 잇는 역할을 담당하고 있었다고 해석할 수 있다.

　까마귀와 반지의 기분 나쁜 관계는 다음과 같은 전설이 말해주고 있다.

　　　　부란텐부르크(독일 북동지역)에 있는 라테노바 문(門) 앞에 까마귀 상(像)이 놓여 있는데, 까마귀는 사슬이 달린 반지를 물고 있다. 이는 그곳 승정(僧正)이 하인을 공연히 의심해서 그를 처형해 버리게 된 것을 뉘우치기 위해 만들게 한 것이다. 어느날 승정이 소중하게 간직하고 있던 반지가 없어졌다. 아무리 생각해도 하인이 한 짓이라고 생각되었다. 그 하인 외에 승정의 방에 들어간 자는 없었기 때문이다. 승정은 이 하인에게 사형을 선고했고 곧 집행되었다. 그 뒤 몇 해가 지났다. 어느날 교회 지붕을 수리하게 되었다. 지붕에는 까마귀 집이 여러 개 있었는데 그 중 한 곳에 바로 그 반지가 놓여 있었다. 불쌍한 하인은 그 반지 때문에 처형되었는데 까마귀 집에서 반지가 나오다니…….

이 반지는 값비싼 주교 반지로 보이는데 까마귀의 장난이 너무 심했던 것 같다. 이 전설은 상황으로 보아 실제로 있었던 일을 바탕으로 꾸며진 것 같아 더욱 현실감을 느끼게 한다. 여기서도 까마귀는 부정적인 존재로 묘사되고 있다.

'니벨룽겐의 반지'

반지라고 하면, 바그너(1813~83년)의 '니벨룽겐의 반지'를 연상하는 사람도 많을 것이다. 이는 본래 게르만 신화인 '니벨룽겐의 노래'를 소재로 하고 있다. 이 장대한 서사시는 13세기 무렵에 완성된 것인데, 이 신화에서도 반지는 중요한 역할을 하고 있다. 여기서는 반지에 초점을 두고 두 작품을 개관하기로 하겠다.

'니벨룽겐의 노래'에 나오는 주요 등장인물은 군테르라는 브르군트 족의 왕, 그리고 미모의 여동생인 크림힐트, 네덜란드의 왕자 지크프리트, 아이슬란드의 여걸이며 여왕인 브룬힐트 등이다. 먼저 지크프리트가 크림힐트에게 구혼하려고 군테르의 성에 찾아온다. 그는 그곳에서 손님이 되어 무훈을 자랑하고 있었다. 한편 군테르는 브룬힐트를 아내로 맞고 싶었지만, 그녀는 자기를 무력으로 쳐서 지게 하는 자가 아니면 결혼할 수 없다고 마음속으로 다짐하고 있었다. 힘에는 자신이 없던 군테르는 지크프리트의 조력으로 간신히 승리하고 그녀와 결혼할 수 있게 된다.

한편 지크프리트는 군테르를 도와준 공적으로 크림힐트와의 결혼이 허용된다. 이렇게 해서 두 쌍의 결혼식이 올려졌는데, 첫날밤에 브룬힐트는 남편을 곁에 오지도 못하게 하면서 남편을 띠로 묶어 못에 매달아 버린다. 하는 수 없이 군테르는 또다시 지크프리트에게 도움을 청한다. 그러자 지크프리트는 입으면 모습이 보이지 않는다는 도롱이를 뒤집어쓰고 군테르의 대역으로서 브룬힐트를 꺾기 위해 처녀를 뺏어버린다. 이때 브룬힐트는 남편이 사실은 대역이라는 사실을

〈그림 77〉 보물을 라인강에 던져버리는 하겐

눈치채지 못한다. 지크프리트는 그녀의 반지를 갖고 나온 다음 자기 아내에게 준다.

10년의 세월이 흘러 두 쌍의 부부는 재회한다. 그리고 아내들은 자기 남편 자랑을 한다. 이때 많은 사람들 앞에서 크림힐트는 첫날밤의 진실을 폭로, 브룬힐트의 최초의 남자가 지크프리트라고 말한다. 그러면서 그 증거가 되는 반지를 브룬힐트에게 보여준다.

창피를 당한 브룬힐트는 복수심으로 치를 떨며 신하 하겐을 시켜 지크프리트를 공격한다. 하겐은 지크프리트가 '니벨룽겐의 소인족(小人族)' 에게서 탈취한 많은 반지와 장식품, 그리고 보물들을 그의 집에서 들고 나와 라인강에 던져버린다(그림 77). 또한 지크프리트의 아내 크림힐트는 남편의 원한을 풀기 위해 숙적 하겐을 공격하지만 그녀도 끝내는 살해된다.

이 서사시에서는 결혼 반지가 남편을 바꾸었다는 증거가 되어 있으며, 그런 의미에서 반지는 서사시에서 사랑과 성에 관련된 중요한 역할을 수행하고 있다. 또 반지를 포함한 보물도 비극의 한 원인을 만들어낸다. 그러나 그것은 작품 전체의 구성에 있어서는 게르만의 복수극 중 중심 테마에 딸려있는 것으로서 결정적인 의미를 지니고 있다고는 할 수 없다. 이 점에서는 바그너의 악극 '니벨룽겐의 반지' 쪽이 반지가 보여주는 의미가 훨씬 크다.

바그너의 '니벨룽겐의 반지'는 '라인의 황금' '발큐레' '지크프리트' '신들의 황혼' 으로 구성되어 있다.

'라인의 황금' 에서는 처녀들이 지키고 있던 황금(물밑에 있는)을 난장이족의 우두머리 알베리히에게 도둑맞게 되는데 알베리히는 훔친 황금으로 반지를 만들어 갖는다. 황금으로 만든 반지는 세계를 지배할 수 있는 권력이 주어진다는 것을 알고 있기 때문이다. 그러나 그 반지를 천상의 신들의 왕 보턴이 약탈하지만, 반지를 가진 자는 재앙을 겪게 된다는 이야기를 듣고 그 반지를 거인족 형제에게 준다. 그 형제는 서로 반지를 가지려고 다투다가 형 파프나가 마침내 동생을 살해하고 만다.

다음으로 '발큐레'에서는 세계의 몰락을 예감한 보턴이 영웅을 만들어내고 영웅을 내세워 몰락을 저지하려 하지만 황금 반지가 저주를 받아서인지 세계가 혼란스러워진다. 이는 보턴의 자식들간에 벌어지는 불화로 전개된다. 보턴은 천상에 아홉 명의 딸을 두고 있었고, 지상에도 쌍둥이 남매를 두고 있었다. 오빠 이름은 지크문트, 여동생 이름은 지크린데. 이들은 각기 따로 자라났다. 그러나 우연히 만나게 된 두 사람은 서로 사랑하는 사이가 되었고, 그 때문에 오빠 지크문트는 매제가 될 푼딩그와 결투하게 되었다. 결투 끝에 지크문트는 죽지만, 천상에 있는 보턴의 딸 브륀힐데가 지크문트를 도와주려다가 아버지의 분노를 사게 되어 그녀는 불길에 휩싸인 바위 위에서 자야만 되는 벌을 받는다. 한편 사랑하는 사람을 잃은 지크린데는 죽음을 결심하지만 임신했음을 알게 된다. 그녀는 곧 아이를 낳게 되고, 아이 이름을 지크프리트라고 짓는다.

'지크프리트'에서는 반지와 보물을 독점한 거인 파프나가 구렁이로 변해 보물을 지키고 있다. 성장한 지크프리트는 구렁이를 물리치고 반지를 수중에 넣는다. 또 구렁이의 피를 핥아서 작은 새들의 지저귀는 뜻을 알아듣게 된다. 그리하여 그는 불길에 싸인 바위 위에서 잠든 브륀힐데를 구출해내고 그녀에게 반지를 주며 사랑을 나누게 된다. 그러나 그녀는 반지의 저주를 모른 채 사랑의 심벌이라고 생각한다.

'신들의 황혼'에서는 여행길에 나선 지크프리트가 난장이족인 알베리히의 아들 하겐에 의해 아버지의 복수를 위한 표적이 되다.

마법의 술을 마시게 되어 모습이 변하게 된 지크프리트는 아내 브륀힐데로부터 반지를 되찾는다. 결국 지크프리트는 하겐에게 살해되지만, 죽은 후에도 반지를 빼지 않았다. 한편 브륀힐데는 저주받은 반지를 라인의 처녀에게 돌려주고 불 속으로 뛰어들어 자살한다.

황금의 반지는 권력과 사랑의 심벌이며 장대한 오페라의 중요한 모티브로서 일관되고 있다. 즉 이 반지를 찾아서 인간의 내면 깊은 곳에서 소용돌이치는 욕망을 충족시키려는 자는 싸움을 불러일으키고 몰락해야만 한다. 바그너는 황금이나 반지가 내포하는 매혹적이고도 위험한 본질을 꿰뚫어보고 있다. 권력과 사랑은 인간이 희구하는 최고의 목표이다. 그런 의미에서 바그너의 경우 반지는 '니벨룽겐의 노래' 보다 훨씬 상징화되어 이 악극의 중심 모티브로까지 높여진 것이라고 할 수 있다.

또한 부와 권력, 그리고 사랑은 19세기 발흥기(勃興期)의 부르주아가 획득하려고 한 목표이기도 했다. 그러나 그것은 장밋빛 목표가 아니라 내부에 독약이 들어 있었다. 바그너의 오페라가 오늘에 이르기까지 많은 팬을 가지고 있는 배경에는 반지로 상징되는 인간의 욕망과 파멸이라는 이율배반의 문제를 훌륭하게 파헤쳤기 때문일 것이다. 그러므로 '니벨룽겐의 반지' 는 유럽문명의 번영과 몰락마저도 예견하고 있었던 것이라고 할 수 있다.

옮기고 나서

결혼식장에서 신랑 신부가 서로에게 반지를 끼워주는 것은 결혼식의 하이라이트 세레머니다. 두 사람은 이 반지 교환 의식을 통해 영원히 부부로 살아갈 것을 다짐한다. 아마 대부분의 미혼여성들은 언젠가 사랑하는 남자로부터 다이아몬드가 반짝이는 눈부신 결혼반지를 받는 장면을 꿈꿀지도 모르겠다.

월드컵때 축구선수 안정환은 골을 넣고 나서 결혼반지에 입을 맞추는 것으로 아내에 대한 사랑을 표현하여 많은 여성들의 가슴을 설레게 했다. 반지는 결혼반지만 있는 것은 아니다. 세상에 태어나 첫 돌을 맞은 아이에게도 흔히 돌반지를 끼워준다. 무병장수하라는 기원을 담아 포동포동한 아기의 손가락에 금반지를 끼워주는 것이다. 그 옛날 반지는 왕들의 권위를 상징했다. 왕의 손가락에 끼여서 왕의 위엄을 빛내며 사인을 대신하던 인장반지도 있었다.

현대의 젊은이들은 정말로 반지를 좋아한다. 반지뿐 아니라 귀고리, 목걸이, 팔찌 등 장신구들은 이제 젊은이들의 일상생활에서 불가결한 것이 되었다. 현대 젊은이들은 남녀, 나이, 빈부를 떠나 갖가지 장신구를 제2의 신체로 여길 정도이다.

그런데 이런 장신구, 특히 반지는 어떻게 해서 사람들이 끼게 된 것일까. 작은 반지가 사람의 손에 끼여 숱한 이야기를 만들어낸 인류사, 문화사, 민속사, 사회사적인 배경은 무엇인지 궁금하다. 이 책은 바로 반지에 대한 이같은 다각적인 배경을 밝혀내고 있다. 반지에 얽혀 있는 문화사의 모습을 흥미진진하게 복원하고 있다. 이 책은 필자가 특유의 꼼꼼하고 치밀한 접근방법을 동원하여 반지에 담겨 있는 거대한 인류문화를 돋을새김하고 있다. 반지를 화두로 해서 사람들의 생각, 마음, 의식, 역사를 이야기하고 있는 것이다. 이 책을 덮을 때쯤 독자들은 작은 반지가 수천년 동안 인류의 간절한 마음을 담은 형식으로 오늘날까지 전해져온 아주 독특한 기호라는 것을 새삼 깨닫게 될 것이다.

아름답고 오랜 문화를 간직한 반지, 받는 이에게 사랑과 존경의 마음을 전하는 반지, 반지의 역사는 사람 모두에게 시보다 더 아름다운 노래로, 소설보다 더 애달픈 이야기로, 오늘도 그대에게서 또 다른 그대에게로 전해진다. 나는 어느 영화에서 사랑하는 남자와 헤어지게 된 여자가 반지를 빼서 바다에 던져버리는 장면을 보고 가슴아픈 느낌을 받은 적이 있다. (이 책 속에도 바닷속에 던지는 반지 얘기가 나오지만, 결혼을 상징하는 의미의 반지 던지기이다.) 정말 바다에는 슬픈 내력의 반지들이 얼마나 많이 가라앉아 있을까. 문득

한번 낀 반지를 죽을 때까지 빼지 않고 살아가는 사람은 그것만으로도 이 세상에서 행복한 삶을 살고 있다는 생각이 든다.

풀꽃으로 반지를 만들어 소꿉친구의 손가락에 끼워주던 어린 시절이 생각난다. 우정과 사랑의 반지를 잊어버리지 않는 한 우리의 삶은 또하나의 아름다운 반지의 문화사를 만들어나가는 작은 역사가 되는 것이리라.

2002년 김지은

참고사진

그림 1   Meiyers Großes Konversation=Lexikon, Leipzig und Wien
1909, Bd. 16. S. 945.

그림 2   Ibid., S. 945.

그림 3   E. Riha : Der römische Schmuck aus Augst und Kaiseraugst,
Allschwil 1990, Tafel 2, Tafel 5.

그림 4   G. Hempel : Fingerringe, eine Sonderausstellung aus den Beständen
des Museums, Wien 1985, S. 27

그림 5   J-J. Brunner : Der Schlüssel im Wandel der Zeit, Bern 1988, S. 60.

그림 6   E. Riha, a. a. O., Tafel 9, Tafel 11.

그림 7   13 Dinge, Form · Funktion · Bedeutung, Katalog zur gleichnamigen
Ausstellug im Museum für Volkskultur in Württemberg, Stuttgart 1992, S. 42.

그림 8   F. Seibt : Glanz und Elend des Mittelalters, Berlin 1987, S. 424.

그림 9   M. Bachfischer : Musikanten, Gaukler und Vaganten, Augsburg 1998, S. 92.

그림10   Meiyers Großes Konversation=Lexikon, a. a. O., S. 945.

그림11   A. Castelot : Die Französische Revolution, Gernsbach 1988, S. 179.

그림12   Ibid., S. 46.

그림13   Linzer Institut für Gestaltung : Schmuck, Wien 1987, S. 15.

그림14   P. Ariés u. a. : Geschichte des privaten Lebens, Bd. 3, Frankfurt am
Main 1991, S. 282.

그림15   G. Hempel, a. a. O., S. 45.

그림16   Ibid., S. 46.

그림17   H. Greif : Die Nürnberger Fingerhüter, Trier 1989, S. 15,

그림18   Ibid., S. 85.

그림19   L・コルフェライ『圖説ヴェネッイア』中山悅子譯 河出書房新社 1996年 55ページ.

그림20   G. Holmes (edit.) : The Oxford illustrated history of Italy, Oxford 1997.

그림21   K. Meisen u. a. (Hrsg.) : Rheinisch-westfälische Zeitschrift für Volks-kunde,
Bonn 1961, s. 149.

그림22   Meiyers Großes Konversation=Lexikon, a. a. O., S. 945.

그림23   G. Völger u. a. (Hrsg.) : Die Braut. Köln 1985, S. 314.

그림24   I. Weber-Kellermann : Die deutsche Familie, Frankfurt am Main 1974, S. 42, 53.

그림25   G. Völger, a. a. O., S. 314.

그림26   Ibid., S. 270.

그림27   T. Ehlert (Hrsg.) : Haushalt und Familie in Mittelalter,
Sigmaringen 1991, S. 248.

그림28   L. Hansmann u. a. : Amulett und Talisman München 1977, S. 332.

그림29   C. Rätsch u. a. : Lexikon der Zaubersteine, Gratz 1989, S. 71.

그림30   A. A. Fourlas : Der Ring in der Antike und im Christentum,
Münster 1971 (Bildteil).

그림31   Ibid. (Bildteil).

그림32   Ibid. (Bildteil).

그림33   Ibid. (Bildteil).

그림34   Ibid. (Bildteil).

그림35   J. Evans : A history of jewellery 1100-1870, New York 1953, Plate 69.

그림36   U. Löber u a. (Hrsg.) : Meisterwerke, Schmuck, Koblenz 1992, S. 62.
        G. Hempel, a. a. O., S. 38.

그림37   R. Kleckhefer : Magie im Mittelalter, München 1992, S. 123.

그림38   P. Dinzelbacher : Heilige oder Hexen?, Reinbek bei Hamburg 1997, S. 193.

그림39   G. Duby u. a. : Geschichte der Frauen, Bd. 3, Frankfurt am Main 1997, S. 228.

그림40   R. Cordie-Hackenberg u. a.(Hrsg.) : Keltische Kunst, Trier 1992, S. 182.
        Die Wissenschaftler des Museums für Vor und Fruhgeschichte (Hrsg.) :
        Archäologische Rheihe Vorgeschichtlicher Schmuck,Frankfurt am Main 1987, S. 20.

그림41   K. Meisen, a. a. O., S. 141.

그림42   R. Cordie-Hackenberg, a. a. O., S. 190.

그림43   M. Lurker : Symbol, Mythos und Legende, Baden-Baden 1974. S. 184.

그림44   M. Lurker : Der Kreis als Symbol, Tubingen 1981.

그림45   R. v. Dulmen : Die Entdeckung des Individuums, Frankfurt am Main 1997, S. 115.

그림46   K. Meisen u. a. (Hrsg.), a. a. O., S. 145.

그림47   Herold Verein für Heraldik, Geneologie und verwandte Wissenschaften(Hrsg.) :
        Wappenfibel Handbuch der Heraldik, Neustadt an der Aisch 1991, S. 198.

그림48   L. L. Dewiel : Schmuck, Munchen 1976, S. 59.

그림49   W. Bauer u. a : Lexikon der Symbole, Munchen 1997, S. 45.

그림50   Meiyers Großes Konversation=Lexikon, a. a. O., S. 945.

그림51   A. Ward u. a. : Der Ring im Wandel der Zeit, München 1981, S. 116.

그림52   L. Hansmann, a. a. O., S. 300.

그림53   R. Klein : Lexikon der Mode, Baden-Baden 1950, S. 166.

그림54   A. Racinet : The historical Encyclopedia of Costumes, New York 1988 p. 237.

그림55   G. Praschl-Bichler : Alltag im Barock, Graz 1995, S. 85.

그림56   O. Wimmer : Kennzeichen und Attribute der Heiligen,
        Innsbruck-Wien 1993. S. 185.

그림57   R. Rücklin (Hrsg.) : Das Schmuckbuch, Baden-Baden 1950, Tafel 2.

그림58   Ibid., Tafel 24.

그림59   Ibid., Tafel 31.

그림60   Ibid., Tafel 50.

그림61   Ibid., Tafel 67.

그림62   Ibid., Tafel 99.

그림63   D. Bennet : Jewellery, Aberdeen 1989, p. 75.

그림64   J. Abeler : Kronen, Wuppertal 1980, S. 145.

그림65   R. Rücklin, a. a. O., Tafel 151.

그림66   G. Hempel, a. a. O., S. 62.

그림67   Ibid., S. 67.

그림68 U. Becker(Hrsg.) : Lexikon der Astrologie, Freiburg 1997, S. 162.
그림69 Ibid., S. 142.
그림70 Ibid., S. 142.
그림71 J. Case : Sphaece civitatis, London 1588.
그림72 U. Becker, a. a. O., S. 19.
그림73 L. Hansmann, a. a. O., S. 170.
그림74 Ibid., S. 184.
그림75 L. L. Dewiel, a. a. O., S. 119.
그림76 G. Völger, a. a. O., S. 129.
그림77 Linzer Institut für Gestaltung, a. a. O., S. 84.
그림78 関西大学博物館編『博物館資料圖錄』関西大学出版部 1998年 圖版 2, 192.
그림79 春成秀爾『古代の装い』講談社 1997年 33 ページ.
그림80 同上書 32 ページ.

참고문헌

J. Abeler : Kronen, Wuppertal 1990.

P. Ariès u a. : Geschichte des Privaten Lebens, Bd. 2-3, Frankfurt am Main 1990-91.

H. Battke : Geschichte des Rings, Baden-Baden 1953.

H. Battke : Der Ringsammlung des Berliner Schlossmuseums, Berlin 1938.

W. Bauer u. a. (Hrsg.) : Lexikon der Symbole, München 1997.

U. Becker (Hrsg.) : Lexikon der Astrologie, Freiburg 1997.

K. Beitl : Liebesgaben, Salzburg 1974.

O. Borst : Alltagsleben im Mittelalter, Frankfurt am Main 1983.

Brockhaus Enzyklopädie, Mannheim 1987.

G. Buschan : Das deutsche Volk in Sitte und Brauch, Stuttgart 1922.

L. Dewiel : Schmuck, München 1976.

P. Dinzelbacher : Heilige oder Hexen?, Reinbek bei Hamburg 1997.

R. Dörrzapf : Eros, Ehe, Hosenteufel, München 1995.

G. Duby : Geschichte der Frauen, Bd. 3, Frankfurt am Main 1997.

T. Ehelert (Hrsg.) : Haushalt und Familie, Sigmaringen 1991.

O. A. Erich u a. : Wörterbuch der deutschen Volkskunde, Stuttgart 1955.

A. A. Fourlas : Der Ring in der Antike und im Christentum, Münster 1971.

E. Fuchs : Illustrierte Sittengeschichte, Bd. 2, Frankfurt am Main 1988.

H. Greif : Die Nürnberger Fingerhuter, Trier 1989.

Brüder Grimm : Kinder-und Hausmärchen, hrsg. von Hans-Jörg Uther,
München 1996.

L. Hansmann u. a. : Amulett und Talisman, München 1977.

G. Hempel : Fingerringe, eine Sonderausstellung aus den Beständen des Museums, Wien 1985.

A. Henkel u.a. (Hrsg.) : Enburemata, Stuttgart 1996.

H. Hepding (Hrsg.) : Hessische Blätter für Volkskunde, Giessen 1932.

E. Hoffmann-Krayer (Hrsg.) : Handwörterbuch des deutschen Aberglaubens, Berlin und Leipzig 1936-37.

R. Kleckhefer : Magie im Mittelalter, München 1992.

E. Kittel : Siegel, Braunschweig 1970.

R. Klein : Lexikon der Mode, Baden-Baden 1950.

W. Kroll u a. (Hrsg.) : Paulys Realencyclopädie der classischen Altertumswis-senschaft, Stuttgart 1914.

A. Laroche : Die persönliche Magie der Schmucksteine, St. Goar 1994.

U. Löber u a. (Hrsg.) : Meisterwerke, Koblenz 1992.

M. Lurker : Symbol, Mythos und Legende, Baden-Baden 1974.

W. Martini : Die Etruskische Ringsteinglyptik, Heidelberg 1971.

K. Meisen u. a. (Hrsg.) : Rheinisch-westfälische Zeitschrift für Volkskunde, Bonn 1961.

Meiyers Großes Konversation=Lekikon, Leipzig und Wien 1909, Bd. 16.

M. Mühl : Der Ursprung des römischen Verlobungsringen und dessen symboli-sche Bedeutung im Eheschließungs-und Verlöbnisrecht Roms, Würzburg 1961.

L. Pauli : Keltische Volksglaube, München 1975.

H. Pleticha : Ritter, Bürger, Bauersmann, Würzburg 1987.

G. Praschl-Bichler : Alltag im Barock, Graz 1995.

H. P. Reisner : Literatur unter der Zensur, Stuttgart 1975.

C. Rätsch u a.: Lexikon der Zaubersteine, Graz 1989.

H. Rölleke (Hrsg.) : Das große deutsche Sagenbuch, Düsseldorf 1996.

R. Rücklin (Hrsg.) : Das Schmuckbuch, Baden-Baden 1950.

R. Schenda : Gut bei Leibe, München 1998.

U. Stöver : Freude am Schmuck, Gütersloh 1968.

U. Schultz (Hrsg.) : Das Fest, München 1998.

Tutankhamen Exhibition in Japan 1965.

G. Völger u. a. (Hrsg.) :Die Braut, Koln 1985.

A. Ward u. a. : Der Ring im Wandel der Zeit, München 1981.

I. Weber-Kellermann : Die deutsche Familie, Frankfurt am Main 1974.

Die Wissenschaftler des Museums fur Vor-und Frühgeschichte (Hrsg.) : Archäologische Rheihe Vorgeschichtlicher Schmuck, Frankfurt am Main 1987.

A. Wrede : Deutsche Volkskunde auf germanischer Grundlage, Harz und Berlin 1938.

O. Zallinger : Die Ringgaben bei der Heirat und Zusammengeben im Mittel-alterlich-deutschen Recht, Wien Leipzig 1931.

에디터사가 펴내는 **역사 문화 라이브러리**

Herr ober ein kaffee !

『여기요, 커피 한잔』

카페하우스의 문화사

커피는 우리 생활에서 가장 사랑받고 아낌 받는 기호 음료의 하나

긴 변천사를 거쳐 '커피하우스(카페하우스)' 는 그 자체가 하나의 문화이고 우리네 '마음의 하이마트' 이었다.

파리의 카페하우스는 혁명시대에는 민중의 광장이며, 토론장의 구실을 했고, 예술의 전성시대에는 작가나 사상가 예술가들의 창조의 샘터로서, 또 민중의 여론을 전달하는 신문의 매체기능까지 했다.

영국의 카페하우스는 금융과 보험 거래의 장소가 되기도 했고, 다양한 문화를 생산한 공간이 되는 등, 오늘날까지 카페하우스는 다목적으로 분화되어 새로운 형태의 문화적 산물을 만들어 내고 있다. 사교의 장소이었고, 문화교류의 장이었던 카페하우스의 변천사.

볼프강 융거 지음 | 채운정 옮김 | 값 12,000원